一座等了你三千年的城

特色美食篇

李海荣 编著

丁伟 主编

河北出版传媒集团
河北教育出版社

图书在版编目（CIP）数据

一座等了你三千年的城. 特色美食篇 / 丁伟主编；李海荣编著. -- 石家庄：河北教育出版社，2020.9（2023.6重印）
ISBN 978-7-5545-5836-2

Ⅰ.①一… Ⅱ.①丁…②李… Ⅲ.①文化名城–介绍–邯郸②饮食–文化–介绍–邯郸 Ⅳ.① K922.23 ② TS971.202.222

中国版本图书馆CIP数据核字（2020）第099947号

书　　名	一座等了你三千年的城——特色美食篇
主　　编	丁　伟
编　　著	李海荣

出 版 人	董素山
策　　划	刘相美
责任编辑	任晓霞　乔　珊
装帧设计	李关栋
出版发行	河北出版传媒集团
	河北教育出版社　http://www.hbep.com
	（石家庄市联盟路705号，050061）
印　　制	河北新华第一印刷有限责任公司
开　　本	880mm×1230 mm　1/32
印　　张	6.25
字　　数	105千字
版　　次	2020年9月第1版
印　　次	2023年6月第2次印刷
书　　号	ISBN 978-7-5545-5836-2
定　　价	36.00元

版权所有，翻印必究

一座等了你三千年的城(代序)

王维中

这是一片长满了故事的土地,这是一座等了你三千年的城。

太行山劲烈的风,华北平原酣畅的雨,烈酒浇透的汉子和踮着脚尖飞旋的舞娘是故事里幻化不完的背景。

赵瑟鸣时,英雄去也;云烟深处,城阙杳然。那是少年秦始皇乘车别去时最后回眸的朱家巷,那是貂裘胡服的武灵王登高北望的古丛台,那是蔺相如回车的城内中街,那是李牧祭旗出征的赵王城阙。照眉池边,落红似雨;插箭岭上,晓月如霜。

风,在暮鼓晨钟里吹散了英雄的背影,却在断纸余墨里惊起满天星华。

这里是荀子故里。毛公也在此注传《诗经》。公孙龙客相府论"白马非马"、卓文君徙川蜀作《白头吟》。太白登楼而题句,乐天潜夜而思家。漳河照晚,文姬弹筝抱愤;铜雀春深,孟德横槊赋诗。对酒当歌,人生几何?让多少后人在慷慨悲歌里梦回建安。

梦回时耿耿不忘的,还有西汉"富冠海内"的都市繁华,还有被洪水深埋于地下的北宋陪都——东方的庞贝古城,以及卢生在城角旅店里的一枕黄粱。

故事是岁月的刻度。这城,一锹下去,就可能挖出一段淹没千年的故事,或温润,或悲凉。

风过，雨过，把故事抟成字，在烈日下晒成一片片成语，随着滏阳河流向远方，流进千年后你的血液，化作你唇间的壮烈和笔底的闲愁。

往事越千年。悠悠古城，也曾潜光埋剑，也曾猿鹤虫沙……

直到女娲炼石补天的莽莽太行进驻了129师的九千将士，直到开国领袖毛泽东亲临视察，指引了复兴之路，才使这蔓草荒烟的古城浴火重生。

斗转星移间，一个现代化的钢都、中国国家园林城市、全国文明城市横空出世，完成了三千年后的华丽转身，再造了一个活力四射的现代都市。

历史轮回，重现的不只是繁华。比繁华更珍贵的是文脉相承的自信，比自信更珍贵的是阅尽兴衰的从容，比从容更珍贵的是周公吐哺的襟怀。呦呦鹿鸣，食野之苹。我有嘉宾，鼓瑟吹笙。

文化是精神的血脉。所有华夏子孙到此都是追本溯源。别说学步，只是甄心，抚摸灵魂深处的那个你。

蒹葭苍苍，彼黍离离。三千年，不过一壶老酒的距离。你若来，很近；不来，很长。

为了等你，她三千年名字不改。沧海桑田，她是怕你找不到回家的路，是为了你回来还能轻唤她的名字：邯郸。

写在前面的话

是欲望太高,还是生活所迫;是压力太大,还是急功近利?我们忙忙碌碌,脚步匆匆。有时在路上走着,脑子也难以停歇,思想着杂碎的事务和未解开的心结。

其实我们不妨稍稍放慢些脚步,去感受一下大自然馈赠给我们的许许多多美好和乐趣,譬如特色美食、小吃,用心去品品,您或许会有意料外的欣喜、感悟和收获。

一日三餐,无论吃家常小炒,还是参加饕餮盛宴,除了填饱肚子,解了食欲,还要挤出点空闲,去钩沉一下这餐食菜品背后的冷暖情怀、哲思妙构,抑或动人心扉的烟火故事,说不定您会发现,这里面也有让心灵休憩的惬意空间!

来吧!随着我的脚步,在古赵邯郸大地,走一走,品赏品赏这里穿越了亘古时光的种种佳肴美味,体会一下这味觉背后蕴含着怎样的地域文化、智慧哲理和百味生活!

目录

耳闻不如『面』见

大名郭八火烧 003
肥乡黑脸烫面包 005
广平段家煎包 008
魏县申家饸饹面 011
大名羊肉烧卖 014
黄粱豆包 019
大名芝麻焦烧饼 021
豆腐皮卷馃子 023
成安烧饼夹皮渍 025
广平白家扒糕 027
曲周曲面 030
一篓油水饺 033
大名鸡窝烧饼 035
南沿村羊肉拉面 037

沙县抿节 039
武安驴肉卷饼 041
武安拽面 043
磁县猫腻饺子 046
武安沙洺炒面 048
武安羊肉焖饭 050
武安伯延锅盔 052
涉县桃仁饼 054
大社面塑 056
鳌子煎饼 061
大名南关『馓』063
曲周煎饼汤 065
冀南豆沫 067

「大菜」数碟迷人眼

贰

二毛烧鸡 071
红灯下水 074
五百居香肠 077
史家酥鱼 080
广府酥鱼 083
广平崔岭缯肘 087
鸡泽伸华鸡 090
成安八大扣碗 093
永年驴肉 095
临漳煎皮渣 097
陈义豆腐皮 100
临漳扒兔 102
肥乡削割 104
成安郎堡荟肠 106

魏县双井煎血肠 109
广平带汁肉 111
魏县大锅菜 113
馆陶房寨豆腐丝 115
韭香小河虾 117
广平苦累 119
魏县烤梨 121
磁州鼓楼焖子 123
磁县观台豆干 125
胖妮熏鸡 127
峰峰三下锅 129
涉县卤核桃 132
武安韭菜鸡蛋炒小米 133
武安大合碗 135

鸡刨豆腐 137

磁县莲藕 139

沙县菜锅小卷 143

峰峰炒凉粉 145

磁县炒鲜粉皮 147

涉县黄焖兔 149

三不粘 151

鲟鱼三吃 153

岳城水库大银鱼 155

石锅嘎鱼 157

岳城大湖鱼 159

能吃的『邯郸成语典故』叁

围魏救赵 163

一言九鼎 165

三寸之舌 167

脱颖而出 168

纸上谈兵 169

完璧归赵 170

鹬蚌相争 172

将相和 174

破釜沉舟 176

剖腹藏珠 178

梅开二度 180

拔旗易帜 183

耳闻不如「面」见

北方面食种类千千万，如果来到邯郸，不尝尝以下这些特色面食，您会终身遗憾！

　　邯郸西依太行山，东部有广袤的平原，土地肥沃，水系纵横，盛产小麦、玉米、谷物及各种豆类杂粮。因为热爱生活、心灵手巧，邯郸人在面食制作上可谓花样百出，各县（市、区）也是各有自己的传统特色面食，而且许多经典面食背后还有一些或长或短的动人故事。我们撷取了当地部分特色面食，与您分享。若您到了邯郸，有美味目标可寻；有兴趣的在家也可以自己动手做做试试！愿您乐在其中！

大名郭八火烧

要说什么样的烧饼好吃,大名人肯定给您首推郭八火烧,这可是大名县的传统名吃。

至于此火烧起源何时,要从大名县西大韩道村有位叫郭致忠的人说起。郭致忠平日爱钻研、动脑子,早年曾在北京(原顺天府)学艺,清光绪二十一年(1895年)回到大名,在县城开业,经营火烧。他的店铺名呢,本来取得寓意很好,叫"天兴火烧铺",这是因为他从顺天府学艺而来,所以堂号首取"天"字,又希望买卖兴隆,又取"兴"字,故立此名。然而,郭致忠小名叫"郭八",当地人并不随他愿,还是习惯称他的火烧铺叫"郭八火烧铺"。

郭八火烧可谓作料齐全,制作精细,风味独特,层多且薄,每张上有25层至30层,外表金黄油亮,吃起来皮酥里筋,焦香可口,特别诱人。郭致忠后来将手艺传给儿子郭瑞,郭瑞又传给儿子郭殿臣。由于郭八火烧享有盛名,所以生意很兴隆。现在郭八火烧的经营者是第四代传人郭卫东,他继承祖业,讲求质量,坚守信誉,依然保持着传统风味。

在大名,串亲戚带一兜子郭八火烧,也算是拿得出手的礼品呢!设宴待客,郭八火烧更是特招人待见的主食。

制作方法:

原料:白面、白油、香油、花椒、小茴香、食盐适量

做法:先将白面用开水烫三成,改用温水把面揉匀和成面块,然后将面块擀薄加料卷合,并打制成圆厚饼型,放在炉鳌上翻烤,边烤边刷油,经五六分钟后,火烤两面呈金黄色即好。

肥乡黑脸烫面包

早就听说肥乡有道特色名吃叫黑脸烫面包,在中原地区也很有影响。还听说烫面包的产地就在肥乡区的西街。可就是不清楚"黑脸"意指什么。

怀着好奇,打听了一位肥乡区的文化人,才知道这"黑脸"背后还有几个传说故事呢。

黑脸烫面包来源于"李氏包子",起始于明代晚期,到清代才衍生出烫面包。那是在清光绪六年(1880年),肥乡县城发生水患,城墙坍塌,壕沟淤积。肥乡县令杨毓楠组织修复,并号召大家有钱出钱,有力出力。李氏家族除出银捐助外,还许诺义务修复城墙的高龄苦役免费吃包子。但由于条件有限,食客太多,供不应求,就试着减少了一道工序,把发面的包子改成了烫面包。结果,这烫面包比发面包还好吃呢,烫面包由此深受大家喜爱。急中生智的创意,成就了这样一道美食。

说起"黑脸"之名的来历,有一个直接的原因:传说"李氏包子铺"掌门人"脸黑面沉,语言不恭",但人们都知道他"脸黑心善,言恶信诚",才送他店铺绰号"黑脸烫面包"。

烫面包的横空出世,很快就以它皮薄如纸,面如凝脂的外观;肥而不腻,清香滑润的口感;"提起一兜儿,放下一摊儿"的特点;羊肉不膻,肉团不散的风格,被众多食客所钟爱和推崇,继而风靡市场。清代和民国时期,那些有钱人是"烫面包"的老食客。当地平民百姓也以吃到"烫面包"为最大的心愿。

时过境迁,回到当前。黑脸烫面包第四代传人李运海在各道工序的选料、制作上更是相当严格,绝不使用味精、食品添加剂、防腐剂等化学原料,走的是纯天然绿色食品之路。

此美味在 2009 年还被列入邯郸市非物质文化

遗产名录，同时还是肥乡土特产明星产品，并获得邯郸市地方名吃银质奖。

制作方法：

原料：小麦精粉、嫩山羊肉或猪精瘦肉、鸡蛋、大葱、盐等

做法："烫面包"选料十分考究、制法独具特色，其面剂实行"三合一"制法，即取嫩面、发酵面和沸水烫过的面各一份，揉合制皮。馅料用羊肉、大葱和家传秘方佐料配制而成。要掌握好烫面温度和肉的纯度，剁肉馅放调味品，用家传秘方调制，包好蒸熟。

广平段家煎包

人口流动,让美食也随着流动的人在异乡安家落户,丰富了当地美食种类,甚至成为当地特色小吃。

2015年,被列入县级非物质文化遗产名录的广平段家煎包就是这样。据悉,清末年间因社会混乱,民不聊生,段家十四世祖段际恒从祖籍山西汾阳介休县(现为介休市)田堡村举家移居河北肥乡县(现为肥乡区)张家桥村(今广平县张桥村)的外舅家。段际恒自幼随父辈们在介休县城经营煎包生意,长辈段兴生、段鸿翔年老后就把煎包的工艺传授给了十三世段葵,段葵成为段家煎包的第二代传人。

段际恒落户肥乡张家桥后,为了养家糊口也做起自己熟悉的煎包生意,先后在肥乡城和南阳堡、东漳堡集市上设点经营。他算是段家煎包第三代传人。随后的岁月里段际恒之子段修连继承父业,为段家煎包第四代传人。段修连晚年将段家煎包制作手艺传给儿子段经堂,即第五代传人。第六代传人段明禄从小受家里的熏陶,十分熟悉段家煎包的制作工艺,又赶上改革开放,太平盛世,他认真地总结前辈们的实践经验,不断研究和改进煎包的制作方法,使段家煎包在保持传统风味的同时又适应和符合现代人的饮食口感和需要,成为深受当地方圆百里百姓喜爱的特色食品。

段家煎包也称作水煎包,需煮、蒸、煎等各种工序,以沸水蒸发之汽促其成为可吃的熟物。段家煎包的特点是出水不见水,上皮软嫩而不黏,下皮脆而不挺,肉馅肥而不腻,香而不厌,咸淡适中,回味悠长。因面皮是发面,馅的制作也十分细腻,因此吃段家煎包您就放心吧,很容易消化。

为什么段家煎包好吃,这里面有一定的技巧。比如在做馅上讲究"匀",将"毛馅"混合后,要经上百次搅拌,边搅拌边少许地淋入香油,直到闻到阵阵香味自馅中溢出为止。调味品均使用传统的原生态产品,在煎制上讲究火候,出锅后煎包色泽金黄,香飘满堂。段家煎包用本真赢得了食客的青睐。后来,段明禄还在大葱肉水煎包的基础上,增加了馅的不同种类,如芹菜馅、虾米馅、韭菜鸡蛋馅等,以满足不同的客人需求。

制作方法:

原料:精粉、猪肉、白菜、大葱、酵面、酱油、食用油、精盐、碱面、调料面、姜末等

做法:将调好的馅料包入面皮包成包子,把平底锅烧热,把食用油均匀地滴洒在锅面上,然后把包子逐个整齐地摆入锅内煎制。另用面粉50克加水750克和成水面糊,均匀迅速地浇入锅内,盖上盖子,用旺火焖煮到水干即熟。开盖改用小火,在包子上淋少许食用油,再加盖焖1分钟后开盖即成。

魏县申家饸饹面

一听饸饹此名,不像包子、烧饼那样形象立马出现在人脑海中,不知道的人很难想象出饸饹是个什么样的东西,那您就耐心听我讲讲吧。保您听后垂涎三尺!

饸饹的"年龄"超老了。据了解,在古时候它被称为"河漏",是我国北方一种古老而别具风味的传统汤食面点,也就是一种特殊面条。元代诗人许有壬曾写到他吃饸饹的感受:"坡远花全白,霜轻实更黄。杵头麸退墨,皑齿雪流香。玉叶翻盘薄,银丝出漏长。元宵贮膏火,燕墨笑南乡。"诗中的"银丝出漏长"说的就是饸饹。

您看，诗人眼里的饸饹多么诗情画意，可见饸饹是多么好吃，多么有诱惑力。

想知道什么是饸饹，想吃地道的饸饹，就来邯郸吧。魏县南关申家榆皮面饸饹，是"梨乡三宝"（饸饹、煎饼、豆腐脑）之一。它的主要原料是榆皮面、小米面等杂粮面，以一定的比例配制并加水和好后，用饸饹床子挤压而成。他家的饸饹卤由鲜猪肉或羊肉酱炒而成，耐储存。

申家榆皮面饸饹以其独特的加工工艺，被梨乡人称为"浇汤饸饹"，其意为"面起汤随，面落卤现"。饸饹口感滑润、醇香，软硬适度，营养丰富，回味悠长。

要说起此种美味的传承，要上溯至明代了。据传明永乐年间，随着山西洪洞县的人口大迁移，申家先人来到邯郸魏县，并将山西面食饸饹带至当地。自第三代开始摆摊卖饸饹，第十一代传人申彤总结前人烹饪技艺，提高改进，形成了独特风味的饸饹卤与饸饹面，并在魏县城南关村正式开办了第一家饸饹馆。经申家十几代人潜心研制，不但饸饹大受当地人欢迎，而且因其为人善良、济困救贫，申家人被人们誉为"德艺双馨"的慈善家。饸饹馆生意十分红火，在魏县"赶集吃饸饸!"成为人们流行的用语。

申家第十四代传人申如松博众家之长,在传统工艺基础上,结合现代营养学,加之各种精良调味品和配方佐料,经过几年的努力和发展,使申家饸饹获得一系列殊荣,2006年6月申家饸饹被邯郸市旅游局、食品行业协会评为邯郸名优特食品;2006年11月在河北省冀菜饮食文化展演大赛中获得河北名小吃金鼎奖;2007年4月在河北省第三届国际特色农业精品展销会上获得金奖;2007年9月在山东临清中原四省小吃大赛中被评为中原名吃;2012年1月,申家饸饹制作技艺被列入河北省非物质文化遗产名录。

制作方法:

原料:白面、荞面、榆皮面、小米面、鲜猪肉、鲜牛肉

调料:陈皮、丁香、豆蔻、白芷、食盐、酱油、绿豆芽

做法:饸饹制作以白面与荞麦面合拌搅匀后,放水和面团饧发两三个小时,在饸饹压床上压制成条状,煮熟即可。卤的制作选用鲜肉酱炒,再放料熬制,直至肉嫩色艳,香味醇厚,最后再配些绿豆芽即可。

大名羊肉烧卖

在邯郸市一些街巷,时不时会看到写着"大名烧卖"的招牌。一看"烧"字,您大概第一感觉会认为是用火烤或油炸的食物吧?那您可就谬之千里了。那么烧卖为何物?为何是大名烧卖呢?且听我给您简要讲来。

烧卖是一种以烫面为皮裹馅上笼蒸熟的小吃。据说烧卖起源于包子,它与包子的主要区别除了使用未发酵面制皮外,还在于顶部不封口,作石榴嘴状。另外烧卖又称鬼蓬头,也是形容顶端蓬松束折如花的形状。烧卖一词的来历,还有多种说法。一种说法是:早年的烧卖都在茶馆出售,食客一边喝着浓酽酽的砖茶或各种小叶茶,吃着糕点,一边就着吃热腾腾的烧卖,故烧卖又称"捎卖",意即"捎带着卖"之意。现今烧卖已成了美味可口的主食,所以一般人约定俗成叫烧卖。

大名烧卖又称大名府烧卖、大名清真烧卖,是大名县著名的风味小吃,据说距今已有六七百年的历史,早在清乾隆年间,大名府城内就开有烧卖馆。传说某年除夕之夜,乾隆下江南私访归来,曾到大名一家烧卖馆吃烧卖。恰好这家的烧卖馅软而喷香、油大而不腻、皮薄馅大、晶莹剔透,如玉石榴一般,口感筋道,清香可口。乾隆帝食后赞不绝口,从此烧卖馆名声大震,享誉大名府。

现在,大名烧卖比较正宗的当属杨八大名烧卖。杨八大名烧卖始于1878年,最开始的时候是杨家先人用推车沿街叫卖,后来搭篷车设摊位卖,如今已开有多家分店。杨家烧卖用最纯正的羊肉做馅,皮薄馅大,一口咬下去满嘴流油。杨家烧卖的配料也非常独特,是自制的土芥末,配上烧卖吃味道很好,也不呛鼻。

大丰收 赵成轮 摄

制作方法：

主料：雪花粉250克、羊肉馅400克

配料：大葱碎150克、姜末1克

调料：香油少许、花椒水100克、鸡精2克、盐1克、味精1克、五香粉1克、胡椒粉1克、酱油15克

做法：将一半面粉做成烫面团，另一半做成凉水面团，两种面团和到一起饧20分钟；羊肉馅里加花椒水、姜末、盐、酱油、胡椒粉，打上劲；在上劲的馅里加入味精、鸡精、五香粉、大葱碎、香油拌均匀；面团下剂子，擀成边薄的皮，包上馅，攥住口做成烧卖，大火蒸10分钟即可。

黄粱豆包

在邯郸,每当人们到冀南宾馆用餐,都会点一道美味主食:黄粱豆包。

为什么叫作黄粱豆包,这背后有一个在当地流传的故事。据说在1900年,八国联军入侵北京,慈禧太后携光绪皇帝仓皇出逃。一日行至邯郸,住在吕仙祠,当地官员奉上一般只有在过年时才做的面食——豆包。太后在吃了豆包后,赞不绝口,说道:"这种豆包太好吃了,我赐它叫作黄粱豆包吧。我今天吃了黄粱豆包,但愿做个黄粱美梦,振兴我大清国。"后来黄粱豆包还被引进紫禁城,成了御用食品。信不信由您,反正我信,因为我吃过，吃撑了，太好吃了！

为什么黄粱豆包如此好吃呢？从名字上看，豆包一般就是用豆子做馅包的包子，然而黄粱豆包与众不同。黄粱豆包配料讲究，用五彩豆、去核大枣调制馅料，用面粉、南瓜泥、鸡蛋黄、玉米面和小米面制皮。面皮口感松软，色泽金黄；馅料沙中带黏，甜度适中。黄粱豆包粗粮细作，营养丰富，老少皆宜。

现在黄粱豆包是冀南宾馆四大名吃之一，深受邯郸人民喜爱。在2017年8月全国烹饪职业技能竞赛河北赛区中，黄粱豆包荣获金奖，同年9月初，黄粱豆包被评为冀字号名吃。

制作方法：

主料：面粉、南瓜泥、鸡蛋黄、玉米面、小米面

配料：芸豆、豌豆、白豆、黑豆、绿豆、去核大枣

做法：将那些豆和枣煮烂，调制成馅料，用面粉、南瓜泥、鸡蛋黄、玉米面和小米面和成面块制皮。包上馅后蒸熟即可。

大名芝麻焦烧饼

在邯郸市大街小巷,时不时会看到一个大名芝麻焦烧饼铺,案台上烧饼一个个鼓着大肚或开着大口笑的样子,非常特别。

烧饼刚出锅时本不是张嘴的,像个鼓鼓的大铁饼。那大口是人为掰开的,这也正是焦烧饼的特色。焦就是焦脆!刚烤熟的烧饼表皮都是脆的,稍微放一放,热气一嘘就会软了,要保持始终如一的焦脆怎么办?把烧饼掰开,让里面的热气散发出来,不嘘着脆皮就行了。焦烧饼的酥脆感比一般的烧饼强很多。

芝麻焦烧饼为大名县传统名吃之一,已有百

年历史。据史书考证，芝麻烧饼是汉代班超从西域传来，由胡饼演变而成。据记载，安史之乱，唐玄宗与杨贵妃出逃至咸阳集贤宫，无所果腹，任宰相的杨国忠去市场买来胡饼呈献。胡饼的做法是取白面粉、芝麻、五香盐面、清油、碱面、糖为原料，和面发酵，揪剂成型，蘸芝麻，入炉烤制，和现在烤制方法基本一致。清代，芝麻焦烧饼在大名城风行，当时人们看大戏、逛庙会，总要买几个芝麻焦烧饼。其特色就在"焦"字上，烧饼两面粘有芝麻，入口香脆，久置不疲，有甜和咸两种口味，还可以往里夹上咸菜或肉片吃。

随着时代发展，现如今为了满足不同消费者品味需求，又出现了豆沙、枣泥等系列加馅产品。

制作方法：

主料：高筋粉500克

配料：酵母5克、稀油酥50克、料油少许

调料：白芝麻250克、十三香1克、花椒面2克、五香粉1克、盐10克

做法：高筋粉加入酵母用温水和成面团；把十三香、花椒面、五香粉、盐拌均匀；熟面里加入料油和成油酥；酵母面团下剂子，用一小面剂子蘸上稀油酥包在里面，擀开，蘸上白芝麻，烙至两边金黄色中间鼓起来。

豆腐皮卷馃子

创意无处不在,食物的搭配也一样,有时有意无意间搭配出来的一道食物,因其味美独特,也就成了广受百姓喜爱的名吃。大名老许家的豆腐皮卷馃子就是这么来的。

油条在大名被称作馃子。大名人许贵一的曾祖父许老建,于1904年开始做早点生意,距今已有一百多年的历史。当时许老建摊位旁有一个豆腐坊,有一天他突发奇想,将馃子(即油条)卷入了豆腐皮中尝试吃吃,没想到大家尝后赞不绝口。从此,豆腐皮卷馃子的生意越来越兴旺,经几代传承,在原有基础上,许贵一大胆创新,又加入特制卤鸡蛋与五香油炸豆腐，味道更美了，咬一口柔软筋道，外焦里嫩，味道醇香，妙不可言。

制作方法：

主料：豆腐皮、馃子（油条）、卤蛋、油炸豆腐

做法：馃子炸熟捞出，放入备好的豆腐卷中，同时将卤蛋、腌制的油炸豆腐放到位，一同卷好即妥。一个皮薄色亮的豆腐皮卷馃子就做好了。

成安烧饼夹皮渣

无论在邯郸市区，还是东部县区，大部分人都知道烧饼夹皮渣这道美食的发源地是成安。可是要问是谁的创意成就的这道美食，却已无从查起。反正到成安饭店吃饭的人，特别是外地人，主食一定会点烧饼夹皮渣这道成安特色小吃。

要说此物为什么好吃呢，是因为成安的红薯苊粉条好吃，成安土质特别适合种红薯，那里的红薯苊粉条和用粉条做成的皮渣，口感俱佳。据说烧饼夹皮渣这道风味小吃，在成安才出现二十多年，却已风靡全城，成为一道地方经典小吃，几乎所有成安人都吃过。在成安县城，大街小巷随处可见卖烧饼夹皮渣的摊位。许多早晨匆忙上班的人,都会买个烧饼夹皮渣当早餐,咬一口,暄暄软软,香鲜味浓郁,吃着特舒服。

现在,邯郸市内有几家成安人开的烧饼夹皮渣小店,生意非常红火。

制作方法:

主料:高筋粉500克、温水280克

配料:酵母5克、红薯粉条250克

调料:白芝麻250克、酱油50克、葱花2克、姜末2克、色拉油25克

做法:将面粉加酵母用温水和成面团饧30分钟;红薯粉条放开水里煮熟;锅里放入油,加入酱油、葱花、姜末,出香味后放入粉条翻炒一下;把饧好的面团擀开,抹上油后卷起,下剂子一面蘸上白芝麻擀成椭圆形,放电饼铛里烙成金黄色;饼中间切一刀,中间放入粉条即成。

广平白家扒糕

同一种食材,换一种做法,便会有不同的口感。邯郸广平县的白家扒糕就是用荞麦面制作的一道美味。

关于白家扒糕的来历有一个故事。在广平镇西有个北堤村,村中早年有个白氏人家,其主人在官家打工,烧火做饭,官家常喝一种荞麦粥。一个夏日,放凉后的粥已凝固,天热不能再放,准备扔掉,白氏无意中尝了一口,感觉有股特殊的面香气,便熬出来试着放了点盐,有了些滋味,再凝固后,取出切成条块,放酱油和醋调制好,让官家品鉴如何。官家的家人品尝后纷纷说好吃,于是再经反复调配,不仅专门制作给官家自家吃,还成了官家的一道待客凉菜。之后传到百姓家中,成为当地的一种特色食物,因是让当家的官者品尝所定,便起名"官尝"(后又有叫谐音"灌漳")。到了白氏的第四代传人白日升,开始专门制作"官尝",并出摊转巷叫卖,名字也改叫"扒糕"了。至第五代传人白金堂、第六代传人白章印均以做扒糕、卖扒糕为生。白家扒糕也在广平一带留下很好的口碑。

在广平,扒糕是夏季流行风味的食品。白家扒糕坚持以传统石磨将荞麦制成面粉,再熬成灰色糊状,之后团拍成小饼放入凉水盆中。食用时切成小块、长条薄片或滚刀片盛在碗内,浇上用麻酱、酱油、醋、香油搅拌的汁,有的人还加上胡萝卜咸菜丝,或加芥末、辣椒、蒜末均可。

如今的第七代传人白学军成为广平白家扒糕的非物质遗产传承人,他继续坚守不作假、纯荞麦面、熬制12小时的祖训和祖传工艺,其产品口感发脆、醇香、细腻,味道独特,深受消费者喜爱。白家扒糕,夏天一周不变质,冬天半月不怕冻,堪称一绝。

另外,扒糕的营养价值也很高。据记载,荞

麦"实肠胃,益气力,续精神,能炼五胜泽秽。作饭食,压丹食毒,甚良"。荞麦面中的维生素D、维生素B,是小麦粉的3至20倍,为一般谷物所罕见。荞麦中还含有大量烟酸和芦丁,有降低血脂和血清胆固醇的作用,对高血压和心脏病有一定的防治作用。荞麦面中还含有多种对身体有益的矿物质,因此,荞麦扒糕及相关食品有很大的市场。

制作方法:

原料:荞麦面粉、麻酱、酱油、醋、香油、蒜、祖传调料

做法:将荞麦面粉放入容器,水慢慢倒入面粉中,边倒边搅拌,调成糊状,倒入秘方调料,熬煮12小时,放凉取出,切成小块状,配以佐料吃。

曲周曲面

挂面千百种，曲面与众不同。

据悉，邯郸曲周曲面已有三百多年历史。曲周原属于杂粮产区，自古所用麦子多从关内购进，售价高昂，而曲周人又十分喜欢吃面类食品，以面食为主，尤其喜食面条。于是当地人便将地方特产的各类豆子磨成粉，把小麦面与豆面掺和轧制成杂面条食用，俗称杂面。后来杂面竟逐渐由民间传入皇宫。据史料记载，清乾隆年间，皇宫内还派太监到曲周的杂面铺购买曲面。可见，曲面已成为常用御膳之一。明清时代吃杂面已成为曲周及周边地区的饮食习俗。久而久之，人们在配方比例、制作技术方面摸索出了经验，轧制的杂面美味爽口，胜过纯小麦面所做面条的口感。

到明万历年间，曲周县城开始出现以制作、出售杂面为业的手工作坊和以卖杂面为主的餐馆、饭店。其中尤以东关赵家技艺精湛。他们用小麦面、绿豆面、黄豆面按比例配料，用鸡蛋汁和面，所制杂面粗细均匀，色泽明透，不散不乱，冠绝全县。吃时以鸡汁调汤，或以肉卤相佐，半汤半面，入口柔滑咀嚼筋韧，远近客人争相就食，遂在冀南一带小有名气。

到了清咸丰年间，有曲周在朝廷供职的官吏和经商的商人将杂面带进北京，馈赠官宦和亲友，人们吃后，无不赞美，曲面因而名声大振。据传咸丰还曾下旨把曲周杂面列为贡品。于是经赵家后代精心选料，精心加工，精心包装，并起名为"双龙曲面"，进贡到京，皇帝和慈禧食后，大加褒奖。

随着社会发展进步，曲面在制作方法上不断改进，品种也不断多样化，既有现制现做的手工面，也有干面，方便携带。2010年曲周曲面制作技艺被列入第二批邯郸市非物质文化遗产名录。

制作方法：

原料：绿豆、黄豆、小麦面粉、鸡蛋、食盐、卤汁类原材料及调味品

做法：取绿豆、黄豆、冬小麦3种主料。按一定比例磨成细粉，合置盆中，拌入鸡蛋清与芝麻香油，调和成面块。揉半小时以上，使之成为软、柔、韧兼备的熟面，再用纯绿豆粉做铺面，用面杖擀压成薄片，以快刀切为粗细一致的细条，最后按规格断拢成把，条细如丝，色泽淡黄。将面条用水煮熟透，加鸡汤或卤肉汁即可。

一篓油水饺

一听名字"一篓油",马上有种香气扑鼻的感觉!

邯郸的一篓油水饺,历史悠久,是当地有名的风味小吃。因其选料精细,坚持用新肉(当天宰杀的肉),配上小磨香油和上等调味品,精心制馅、包制,煮熟后汁包馅,吃时流油,故叫"一篓油水饺"。

一篓油水饺在1999年被评为中华老字号,并荣获河北省名小吃等荣誉称号。

相传,一篓油水饺创制人王一香早年与父亲在赵国邯郸南门外开了一个肉包铺。有一天,赵国大将廉颇于武灵丛台点兵路过南门外时,远远地就闻到肉包香味,当他赶到肉包铺店时,只见店家生意火爆,食客围得水泄不通。到廉颇购买包子时,包子已卖完。廉颇说道:"你案板上不是包子?"王小二说:"那是生的,还没蒸。"廉颇说"那得几个时辰?"王小二说:"不到一个时辰。"廉颇一听,心急了,就将案板上的包子统统扔进开水锅里。不一会儿,锅里的包子全部漂起来了。王小二赶紧把煮熟的水包端上,廉颇吃完后连声叫好:"一咬一口油,真香。"

从此,王一香就把包子铺改为"一口油"水包馆,生意更加红火。王氏后人继承了"一口油"的精心制作,成品汁液丰富,包裹馅心,吃时流油。后在北宋年间改为"一篓油",流传至今。其特点为咸鲜适口,汤鲜味美,皮薄馅大。

制作方法:

主料:高筋粉250克、猪肉馅400克

配料:大葱碎150克、姜末15克、花椒水200克、老抽200克、生抽5克

调料:盐、味精、鸡精、香油、料酒、蚝油

做法:高筋粉用凉水和成面团;肉馅里加入花椒水、姜末、盐,打上劲;放入生抽和老抽调一下颜色;加入蚝油、料酒、香油、大葱碎,拌匀;面团下剂子、擀皮合上肉馅,放到锅里煮;开锅点三次水即熟。

大名鸡窝烧饼

邯郸大名县,盛产小麦,用小麦面做出的食品花样繁多,其中以发酵白面烤制而成的"鸡窝烧饼",因烤制烧饼的炉子形似鸡窝而得名。名字虽不雅,烧饼却好吃。这是大名县传统风味小吃之一。

此烧饼外焦里嫩,口感香酥,中间薄、周边厚,一面还有点点芝麻。尤其是刚出炉的鸡窝烧饼,热气腾腾,黄中透红,外脆里暄,口感极佳,既有小麦微微发甜的原味儿,又有芝麻香。近年来又有糖馅、肉馅烧饼上市,味道各异,颇受欢迎。

鸡窝烧饼的传人无从可考,现在大名东部乡

镇做此烧饼的人较多，尤以束馆镇的鸡窝烧饼名气最大。鸡窝烧饼炉子的制作是有讲究的，先要将一口铁锅倒扣下来，上面要附三五层纸或麦秸，然后再糊上约一寸厚的红泥。这样，整个形状就俨然一个"鸡窝"。铁锅上面需贴点纸或麦秸，烤热后它就成了灰，这样熟了的烧饼才容易揭下来。

鸡窝烧饼的吃法也很讲究，一是夹牛肉；二是就羊肉汤。这也是大名不少羊肉汤馆主推的美食，备受食客青睐。

制作方法：

主料：精制面粉

配料：花椒盐、酵母

做法：将精制面粉加入花椒盐、酵母，发酵而制，放入鸡窝形状烤炉中。烤制12分钟出炉。

南沿村羊肉拉面

在永年有句谚语:"周村的包子,沿村的面。"沿村的面,说的就是南沿村拉面。南沿村曾隶属永年县(现为永年区),现归属邯郸市丛台区。在邯郸市大街小巷,很多地方可见到南沿村拉面馆。

南沿村羊肉拉面起源于南沿村,是流行于河北冀南邯郸、邢台等地的地方名吃,具体创始人已无从考证。据市内一家南沿村拉面馆的老师傅讲,南沿村羊肉拉面迄今最少有百年历史了,他们家从他祖爷爷那一辈就开始卖南沿村羊肉拉面,只不过当时是流动摊儿,在乡村庙会上卖拉面。

南沿村羊肉拉面的整个制作过程不添加任何添加剂，属于绿色食品，在当地很受欢迎。

此拉面卤料的主要原料为本地的豆瓣酱配以精选的山羊肉和十几味中草药炒制而成。拉面则是选精粉面配少许盐碱调制而成。南沿村拉面不但面筋道，而且汤鲜美、肉酥烂。

现在邯郸市的一些南沿村拉面馆，不仅有羊肉卤，也有猪肉卤。那面，口感滑爽、筋道；那卤，浓浓酱香，口感甚好。您若来邯郸，一定要去品尝一番哟！

制作方法：

原料：高筋粉500克、羊肉块500克

配料：碱2克、水250克、豆瓣酱1袋

调料：葱段15克、姜片10克、香叶2克、小茴香1克、桂皮2克、油500克、花椒、大料、高汤

做法：在面粉里放入碱面、水和成光滑状，饧面30分钟；将羊肉块氽水捞出；锅里放油，加入香叶、小茴香、桂皮、花椒、大料、葱段、姜片，出香味后放入羊肉块翻炒；炒出水分加入豆瓣酱再加入高汤煮开；面条拉好放开水锅里煮熟，捞碗里，加入羊肉酱即可。

涉县抿节

抿节，也叫"抿曲的"，是出自涉县的一道美食。在涉县，基本家家户户的厨房里都备有一个物件，那就是样子跟擦萝卜丝的擦子似的的抿节床。抿节床是以打满小孔的铁皮加框来制成，用此抿面块做抿节。

要说抿节为何起源于涉县呢？要从涉县的地理风貌说起。涉县历史上耕地少，"八山半水分半田"，因为面食缺，就形成了以杂粮为主的饮食方式。抿节即为杂粮代表。

抿节是涉县人民广为喜爱的一道饭食，以杂豆面、玉米面和少许白面和团，沸水煮胡萝卜条、扁豆丝等菜，用手将面团放在抿节床上，自小孔抿入锅内，形成一根根短面条，即抿子，在锅里煮熟，然后熟油加上葱花、盐为"调花"，放入锅内即成。涉县北部人民用熟油加野山葱花为"调花"，鲜香味更浓。

如今这道民间风味已登上大雅之堂，在涉县星级饭店宾馆也可吃到，其特点是鲜咸、酱香味较浓。

制作方法：

主料：玉米面、酱肉

配料：高筋粉、绿豆芽、南瓜块

调料：面酱、酱油、盐、味精

做法：玉米面、白面按1∶1比例和成面团，饧10分钟；锅里水开，拿一块面团在抿床上搓出抿子，煮熟。表面放上熟的绿豆芽，南瓜块，再放入酱肉卤。

武安驴肉卷饼

要说饼与肉怎样搭配好吃,您到武安尝尝那里的驴肉卷饼就知道了,那可是武安经典的传统名吃。

据说,武安自古就有吃驴肉的传统。驴肉色红,肉质鲜嫩,柔软细腻,含脂肪少。一到傍晚,街头巷尾都有卖熟驴肉的。卖肉的同时,还出售驴肉卷饼。驴肉放在桶里,案板上只有少量切碎的驴肉。另一边案板上做着薄饼,做好后就放在平底锅上烙,不一会儿一张香喷喷的小饼就烙好了,小薄饼上放些切成粒状的驴肉,再放点葱,然后卷起来就可以吃了。饼香加肉香,绵软上口,香而不腻,回味无穷。

顺带再说下,武安还有一种驴肉馅饼,是把驴肉剁成馅,放葱,做成肉饼在平底锅上烙,称为脂油饼,吃起来也是蛮不错的哟!

制作方法:
主料:面粉50克、酱驴肉85克
配料:大葱15克
调料:香油、葱油
做法:和面做成薄饼,驴肉切粒,葱白切粒,葱白和驴肉放入少许香油、葱油拌匀备用;把薄饼放平,将拌好的驴肉均匀地放在饼上,然后卷起来,中间切开即食。

武安拽面

面的种类很多,您如果喜爱吃面,一定要来邯郸尝尝这里的武安拽面,这是独具武安地方特色的风味面食,好吃不贵,老少皆宜。

如果想要学做拽面,那可需要费点功夫。因为拽面的技术性很强,从和面、打卤到拽面,每道工序都十分讲究。在这里给您透露点要领吧,即和面要防止脱水,拽条必须均匀,下锅要撒开,防止蹲锅疙瘩。特别是和面的时候盐、水、面要比例适合，盐多了拽面的时候拽不开，盐少容易断，水多面软，水少面硬。要做好拽面，必须经过多次实践才行。拽面技术在武安各家代代相传，几乎人人会做。

武安人和面选择的盆，乃是磁县彭城一代的普通家用瓷盆，和面的时候追求三光，即面光、手光、盆光，达到此时才算和好，然后让面在盆里饧半小时再开始拽面，韧性好，不易断。

拽面根据个人不同喜好还可制成炸酱拽面、肉卤拽面、素卤拽面等，也可以根据个人喜好拽出薄厚、宽窄不同的面条。

武安拽面的菜卤比较丰富，把各种时令蔬菜，比如土豆、西红柿、长山药、茄子、青椒、洋白菜等切好，放入锅中炒，然后放入炒好的肉片或鸡蛋，添水煮开即成菜卤。卤子的味道学问多，各家有各家的风味。

外地人到了武安吃拽面时都爱说，多来点卤啊！其实面跟菜卤搭配比例适中最好。

您不知道吧，在武安，吃面还有个讲究，面吃完了，注意筷子要平放在碗上，这是礼仪。武安人大多从小就受到这样的教育，不听话的孩子还要受到训斥。而且武安人看孩子们拿筷子离碗的远远也有说法，拿在筷子顶端说明将来的媳妇很远，拿在离碗近的，也就是筷子下方，说明将来的媳妇就在近处。当然这个说法是吃拽面逗闷子罢了。但是去武安吃拽面时还要注意下武安人的礼节比较好。

制作方法：

主料：面粉、鸡蛋

配料：五花肉、海带、蒜苗、土豆、西红柿、长山药、茄子、青椒、洋白菜

调料：黄豆酱、盐、白糖、老抽

做法：面粉鸡蛋放入盆中，倒入放过盐的冷水和匀，做到面光、盆光、手光；然后把和好的面擀成面饼，切成条慢慢拽长、拽薄，放入开水中煮熟捞出，加入卤即可上桌吃了。

磁县猫腻饺子

磁县的猫腻饺子可谓名声在外,可这饺子能有什么猫腻呢?且听我来讲下。

猫腻饺子的来源往上可追溯到三百年前。如今还在经营猫腻饺子的段家森的祖上,清康熙二十五年(1686年)在北京皇家寺庙雍和宫当过差。雍和宫里饭菜讲究,按现在说就是讲生态自然,营养健康。段氏在雍和宫里和老和尚关系不错,干活之余就从和尚那里学了些斋饭的做法,其中包括猫腻饺子、拖驼面等,以后就成了段家的祖传食谱流传至今。要说猫腻饺子到底有什么"猫腻"?猫腻饺子最大的猫腻就是它不使用食盐、味精等调味料，而是采用自制黄豆酱打馅，同时利用韭菜里的隐性盐来提升味道。后人在包饺子的过程中还把精选的鲜肉调入增加鲜香。这样的饺子煮出来后，一口咬开，韭菜仍然呈现出似乎刚割下来的娇艳的绿色，同时鲜肉滑嫩，饺子香嫩可口。

制作方法：

主料：面粉、鲜肉馅、鲜韭菜

配料：姜

调料：油、酱油、香油、十三香

做法：鲜肉馅放入炒好的酱料和韭菜搅匀；面粉放入容器倒入冷水和均匀，揉到面光、手光、盆光，把面团切成大小均匀的剂子，擀成面饼，包入调好的肉馅。放入开水锅中煮熟即可。

武安沙洺炒面

在武安大街小巷,随处可见沙洺炒面的饭店。沙洺炒面是武安人日常饭桌上必不可少的一道美味主食。

要说正宗炒面的发源地在哪儿?就是贺进镇沙洺村。据《沙洺村志》介绍,沙洺历史上盛产优质小麦,沙洺人对做面食很是讲究。在中华人民共和国成立前后,有村民宋同义、张三更等人,做拉面的手艺堪称一绝。

炒面要求面要筋道,菜要美味。做面分为和面、绕面、擀面、切面、拉面,煮熟后的面用凉水过一下。炒面中的蔬菜主要放豆芽、西红柿、木耳、

特色美食篇

青椒、蒜薹、鸡蛋等。素炒面以蔬菜和鸡蛋为主，肉炒面则要加些大火过油的肉丝。

制作方法：

主料：面粉500克

配料：绿豆芽80克、青椒65克、西红柿45克、圆葱75克、鸡蛋2个

调料：蒜末5克、大葱6克、姜3克、花椒5克、八角5克

做法：将面粉加水适量，盐15克，搅拌均匀，放入盆中，饧发20分钟，用双手缠绕均匀，使面粉增加韧性；面拉好煮熟以后，过凉水备用；青椒、圆葱、西红柿切丝；花椒、八角用热水煮开备用，鸡蛋2个炒好备用；炒锅烧干加入50克食用油，放入葱、姜、蒜、西红柿、圆葱、青椒、绿豆芽翻炒均匀，烹入备好的花椒、八角水，把拉面放入锅中加入酱油继续翻炒片刻，出锅放入葱、姜、蒜、鸡蛋，翻匀即可。

武安羊肉焖饭

武安羊肉焖饭这道美食是武安山里老辈子人经常吃的饭,被称为"铁匠饭",意思是顶饱耐饥。

在当地民间,这道美食背后有个传说。相传在战国时期,赵武灵王到邯郸西部山区围猎。晌午,他腹中饥饿,看到有一户农家就命其准备膳食。可是山野人家没有什么美食可充饥,正好锅中刚炖好羊肉,家中只有小米。山民灵机一动,就把小米倒入炖好的羊肉锅中,又配以自种的萝卜、青菜与小米同煮。赵武灵王食后大呼真美味也!后来这道美食的做法就被带到了宫中,民间也一直流传至今。

听武安内行人讲,羊肉焖饭最好选择用山羊肉,因为山羊肉的肉质细腻,味道鲜美,富含蛋白质、钙、磷、铁、维生素等。小米、羊肉、蔬菜如此搭配,营养价值也很高。羊肉性热、味甘,是适宜于冬季进食的佳品;小米含有丰富的蛋白质、脂肪、维生素、矿物质等,有养胃健脾之功效;胡萝卜营养价值很高,含有胡萝卜素及多种维生素,有很好的保健功能,羊肉与小米相配再调以时蔬,很好地完成了蛋白质的互补作用,大大提高了食物本身的营养价值,也成为劳动人民一道充饥健体的实惠饭菜。亦菜亦饭,香软可口。

制作方法:

主料:羊肉、胡萝卜、南瓜、白菜、豆角、小米

做法:羊肉汆水洗净;胡萝卜、南瓜、豆角过油炸一下,然后起锅放羊肉炒香,加入适当的清水,加入小米再焖至成熟后出锅,焖出来的羊肉焖饭油光发亮。

武安伯延锅盔

在邯郸，特别是出生于邯郸西部的人，几乎都知道武安伯延熏肉。那么锅盔熏肉是什么样子呢？

锅盔（又叫锅魁、锅盔馍、干馍）原本是陕西"八大怪"之一，就是人称"锅盔像锅盖"的一种烧饼。锅盔本是陕西关中地区城乡居民喜食的传统风味面食小吃，那它是怎样流传到了邯郸呢？据伯延村老人讲，在宋徽宗时期，由贩运药材的晋商传入河北武安。武安人根据自己的风俗喜好进行了改良，发展成今天的武安锅盔夹肉。

伯延锅盔是用凉水和面，和面时放猪油，和

成死面。和好面以后，再做椭圆形面饼，把做好的面饼放在平底锅上烙，烙完后再放在石子上烤，石子下面有火，慢火烘烤。烤熟后，将锅盔从中间开个口，把切好的武安熏肉夹到锅盔里，就做成了一个武安锅盔熏肉饼了。武安锅盔制作工艺精细，素以"干、酥、白、香"著称。

锅盔里夹的熏肉用料更是考究，味道肥而不腻，越嚼越香。做熏肉分三步：洗肉、煮肉、熏肉，熏好再在肉皮上抹上一层香油，不仅味道更好，而且久置不干。武安锅盔夹肉味道奇香诱人，沁人心脾。

制作方法：

主料：锅盔1个

配料：伯延熏肉100克、肥肠50克、猪肚50克

做法：用调制好的卤水把洗干净的猪头肉、肥肠、猪肚煮熟后用糖、茶叶熏制，放凉，改刀备用；把制作好的锅盔切开，夹入熏制的肥肠、猪肚、猪头肉即可。

涉县桃仁饼

在我国,许多地方的特色美食都与当地特产有关。涉县桃仁饼也是如此。涉县有三大宝,核桃、柿子和花椒。涉县位于太行山深处,盛产核桃,且品质上乘。用核桃制作的食品也有很多花样,传统特色小吃桃仁饼便是其中之一。桃仁饼选用的是上乘核桃仁加适量芝麻和红糖做成馅。用发酵好的白面包上馅,做成圆饼,外面再蘸上一层芝麻,蒸后再用油炸至金黄,吃起来松脆酥香,且营养丰富。

有机会到涉县,可别忘了去品尝一下桃仁饼啊!在涉县的各大饭店,主食类别中基本都有桃仁饼。

制作方法:

主料:面粉、核桃仁

配料:红糖、芝麻

调料:食用油

做法:核桃仁、芝麻用铁锅炒出香味,放凉后用擀面杖轧碎,加入红糖搅拌均匀做馅;面粉和好发酵后,揪剂包馅,做成小饼,小饼一面刷蛋液撒芝麻,饧发15分钟,放入蒸箱蒸制20分钟,然后在油锅里炸至金黄色即成。

大社面塑

看到邯郸市峰峰矿区大社镇的面塑，脑子里立刻会想到卡通画。这分明是用面粉塑造的卡通形象啊！

大社面塑承袭民族传统文化元素，取材广泛，内容丰富，面塑形象惟妙惟肖，栩栩如生。

在峰峰农村，过节、婚嫁、丧祭、满月、祝寿等民间传统活动中，面塑扮演着重要的角色。面塑重在"塑"，每遇民间传统活动，乡村的巧妇们便三个五个聚在一起，借助于剪刀、梳子、竹筷等工具，经过搓、捻、剪、压、扎、挑等各种手法，做出各种瓜果、蔬菜、花卉以及吉祥图案纹样，蒸熟后再根据不同形象点涂上不同食用色，一般设色较浓艳、对比鲜明。在做虎、狮、马、牛等动物时，着重夸大头部比例，增强尾部动感，刻画四肢的灵活,神似而形美。做鸡、鸭、孔雀、凤凰、喜鹊等飞禽类动物,则夸大嘴部、眼部和尾羽的动感,娇态可掬。所塑人物造型体积都大于动物,如爬娃、抱鸡娃、莲花娃娃等,造型独特而灵动。面塑用五谷杂粮点睛镶鼻,洁白的面与深红的枣、五彩的豆,组成了活灵活现的面塑卡通形象。

面塑形象做好后,饧上一刻钟左右才可上笼,蒸时必须用急火,千万不能掀盖。蒸熟后,热气缓缓散去,一个个形、色、味俱佳的面塑卡通形象也随即新鲜出炉。

面塑种类很多、风格各异,用在不同场合,表现不同内容,或喜庆,或祝愿,或劝诫,或悼念,等。不同的面塑蕴含着不同的寓意,贯穿于峰峰人各种时令节俗和人生礼仪中。比如,在大社附近一些地区,有"送羊"一说。每年农历六、七月,姥姥和舅舅都要给外甥送用白面捏制的羊,有大有小,一直送到外甥长到12岁,不可间断。面羊的做法是:把白面揉成一头稍粗的长圆形,用剪刀剪出耳朵、嘴和蹄子,前头脸上按两粒黑豆当眼睛,后头按一粒黑豆当屁股。有的面羊背部还要驮上一只小面羊,面羊身上要描五彩食用色。其寓意为:一是给外甥送祥瑞(羊、阳、祥谐音),

面塑 赵成轮 摄

希望他能顺利长大成人；二是教诲外甥学羊羔跪乳，知道孝敬父母，不忘养育之恩。如果是祝寿，亲友一般都带"寿桃""寿馍""寿花"等面塑，寓意吉祥平安，幸福长寿。

因为面塑选料需要用上好的抽头面（即磨第一遍麦子出来的面粉），既白又有韧劲。所以面塑不仅具有很强的观赏价值，而且好吃。

如今大社面塑已被列入邯郸市非物质文化遗产名录。在当下信息多变的时代，经过非遗传承人的巧思与巧手，大社面塑作品以造型优美、形象逼真、色彩亮丽、食之可口等特点俏立于冀南艺术之林，成为极具代表性的地方文化形式。

制作方法：

原料：抽头面、枣、五谷杂粮

做法：制作过程可分为发面、和面、制作、蒸热、染色、晾干等过程。发酵时间必须把握好，否则发出的面会发黄、发酸。和面比例应视季节而定，冬天水相对要多一些，面团不至于过硬；夏天，水应相对少一些，否则面团太软，不容易成形。和面必须达到"三光"效果，即面光、手光、盆光。当面量较大时，可由两个身强力壮的男子压面。压完后，再在案板上用力摔打，然后切成小块用双手反复按揉，使面更加筋道。最后捏制出各种形象，蒸熟即可食。

鏊子煎饼

古时候,人们为了使用方便,把薄石头打磨得像圆形海龟一样,再磨制光滑,叫作"鏊子",后改为生铁铸造,平面圆形,中间微凸,三条扁腿支撑,盖上盖子,犹如龟甲,这就是摊煎饼的专用炊具。邯郸西部山区百姓家里常用的烙饼工具也是在此基础上改进的。

据传说,煎饼是诸葛亮发明的。诸葛亮辅佐刘备之初,兵微将寡,常被曹兵追杀,一次被围在沂河、涑河之间,锅灶尽失,而将士饥饿困乏,又不能做饭,诸葛亮便让伙夫以水和面粉为浆,将金(铜锣)置火上,用木棍将面浆摊平,煎出香喷喷的薄饼,将士食后士气大振,杀出重围。当地人也习得此法做食,但铜锣昂贵,且易开裂,人们便以铁打制成锣状的煎饼烙。从此煎饼流传各地到如今。

邯郸的这种鏊子煎饼和山东等地的煎饼不同,它略厚而小,略带发面感。煎饼用料是白面加小米和玉米面,比例可以随意。在武安、涉县一带以小米为主食,小米面煎饼是干粮,耐饥易放,以前是当地人出门必带之食。

想想看,那焦香的鏊子煎饼,再配上蒜汁,夹上少许芝麻拌咸菜丝或其他可生食的蔬菜,那味道好极了!

现在生活条件好了,烙煎饼时配上鸡蛋牛奶,口感松软,奶香味浓,更好吃。

制作方法:

原料:低筋粉、小米面、玉米面

配料:酵母、泡打粉、纯牛奶

调料:白糖、鸡蛋、水、色拉油

做法:低筋粉、小米面、玉米面,按1:1:1比例,加入酵母、少许泡打粉、白糖100克,再加入200克鸡蛋、1袋纯牛奶,加水和成稀糊,饧发;鏊子加热后放入少许油,放上面糊摊开,烙成两面金黄色,装盘即可。

大名南关"馓"

在整理邯郸特色美食时,有朋友特别提醒:一定要把大名清真名吃"馓"好好写一笔,大名南关的这道美食太特别了,别的地儿很少见,特别好吃。

"馓"字在大名当地都读作"sǎ",但在字典里是读作"sǎn",是一种油炸面食。而大名南关馓与市场上常见到的油品"馓"相差甚远。

馓,又名肉粥、肉饭,起源于何时无从查起,七八旬的老人们从小就吃"馓"。"馓"是大名一带回族和汉族人民都特喜爱吃的一种食品。"馓"是以麦仁、酱肉卤为主要材料做出来的,口感清香,肥而不腻,外地客人吃一次,保您终生难忘这道具有浓郁的地方民族特色的美味。

制作方法:

主料:羊肉

配料:麦仁、火烧

做法:将熬稠的油浓麦仁,浇上羊肉卤,泡入馒头或火烧食用。

曲周煎饼汤

在曲周,说起煎饼汤应该是无人不知无人不晓。在村民中有这样一种说法:除了五岁以下的小孩儿,剩下的人有百分之九十都吃过这个煎饼汤。煎饼汤其实就是一种汤类早餐。煎饼是绿豆面的,面汤是小米面的,里面有时令的绿叶菜和胡椒粉。如果您要吃的话,摊主就会把提前烙好的薄薄的绿豆煎饼放入滚烫的面汤里,煎饼泡进汤里马上变软,但是不破,然后摊主连煎饼带面汤一同盛进碗里,加上醋和香油,一碗热腾腾的煎饼汤就端在您面前,煎饼入口即化,口感细腻清香,吃下去胃里暖暖的舒服极了。

制作方法:

主料:小米面、绿豆面

配料:时令菜叶

调料:醋、香油、盐、胡椒粉各适量

做法:将绿豆面和小米面按1:3的比例和成稀糊烙成煎饼备用;再按同样比例,把面拌入开水锅里煮成稀粥,加入盐调味,出锅加入菜叶;把煎饼切成六块放入盘中;用小碗装上醋和香油;吃时把煎饼放入汤中加入醋和香油即可。

冀南豆沫

豆沫起源于河北邯郸，是一种广泛流传于邯郸和河南北部的汉族特色小吃。其起源据传与商代的伯夷和叔齐有关。《史记·伯夷列传》记载："武王已平殷乱，天下宗周，而伯夷、叔齐耻之，义不食周粟，隐于首阳山，采薇而食之。" 伯夷和叔齐饿死首阳山后，殷都人感其气节，纷纷祭奠，他们把小米放入石臼中捣成粉斋，放水煮成糊，并放入青菜和捣碎的黄豆末，称之为"豆沫"。吃的时候，再撒上些芝麻盐，醇厚的小米香伴着豆香、芝麻香和蔬菜合为一体，浓香扑鼻，回味绵长。

现在，冀南豆沫是邯郸市冀南宾馆名吃，已被河北省旅游协会命名为河北省金牌旅游小吃，邯郸市仅此一家。

有位食客曾说:"刚来到冀南宾馆,有一种乳黄色的汤食,不浓不淡,口感细润滑爽,滋味微咸,清香浓郁,绝不是胡辣汤、炒肝那种浓烈的味道,也不是菜豆腐那种淡淡的味道,加之里面放了炸豆腐丁和细碎的木耳、粉条、菠菜叶、花生仁、海带丝等菜码,吃后非常舒服,原来这种汤食便是——冀南豆沫。"

或许冀南豆沫是一种非常平民化的小吃,冀南宾馆的冀南豆沫带有浓郁的邯郸风味,更加精致可口。这样操作简单方便的美食,真是想想都流口水吧。一早一晚,喝上一碗,真是暖胃、营养、清口,且香味悠长。

制作方法:

主料:小米4500克、黄豆500克

配料:水发海带丝200克、麻仁70克、花生仁70克、水发细粉条500克

调料:小茴香、大料、花椒各25克,精盐100克,水适量

做法:制糊:先用清水把新鲜小米和破皮后的黄豆加花椒、大料等调料泡发,再磨成面;熬制:起大锅放凉水约15000克,水开后先下入细碎的海带丝、粉条、花生仁等佐料,再熬开后放入磨制的新鲜小米面,要不停均匀搅拌,开锅后再放入油炸豆腐丁、菠菜叶等,再稍煮片刻即可。

『大菜』数碟迷人眼

都说这世上,唯有美食与爱不可辜负。想想看,饥饿时一碟自小喜吃的家常菜,疲惫时一个温暖的拥抱,孤独时一个懂你的微笑,都会让你幸福感爆棚!

一直认为,万物皆有语言,有显性的或隐性的,有有声的或无声的。而每道菜品里就含有丰富的人文情怀和浓浓爱意。看看下面我们晒给您的这一道道独具邯郸地方特色的美味菜品,您若想完全读懂它们,看过文字后,一定要来邯郸细细品味下才行!不是自夸,邯郸菜,真的美味!品过邯郸味,人生更完美!等您来!

二毛烧鸡

在邯郸，人们大都知道大名有特色美食"二五八"（即二毛烧鸡、五百居香肠、郭八火烧），列其首的就是二毛烧鸡（也叫珍积成烧鸡）。20世纪70年代末，在邯郸地区，二毛烧鸡是名贵食品的代名词。过年过节，送礼看人，拎一只香气扑鼻的二毛烧鸡，前摇后晃，那是何等牛气！现在二毛烧鸡不仅是邯郸市的传统名菜、中华老字号之一，还是邯郸市非物质文化遗产。

曾听一位从小生长在大名的朋友讲，他小时候放学从二毛烧鸡店前面经过，四周弥漫的烧鸡味，香得他头晕眼花腿发颤，恨不得一头扎进店里狼吞虎咽一番。当时百姓中流传着一首歌谣:"想吃鸡得跑快腿,吃了以后得捂住嘴,顶风无腥味,顺风鼻子眼里冒香气。"

要说二毛烧鸡之"二毛"来历,也很有意思。二毛烧鸡始创于清嘉庆十四年(1809年)直隶大名府(今大名县城内)。创始人王德兴小名叫"二毛",又因在煮烧鸡的锅里放有两个石猫,所以街坊邻居称其店铺为"二毛烧鸡铺"。

据传清道光年间,一位新任的知府大人上任途经店前闻香落轿,品鸡问其名后,随口吟诗:"夸官逍遥道,闻香品佳肴。适逢设盛宴,吾必备二毛。"从此,二毛烧鸡更是声名远扬,并留下了"一锅烧鸡满城香"的美誉。

二毛烧鸡传至第二代经营人王国珍后,因嫌"二毛"名号不雅,便取自己名中"珍"字为首,正式立号为"珍积成烧鸡铺",沿袭至今。但是,人们很少如他所愿叫这个名字,仍然按照习惯叫"二毛烧鸡"。

中华人民共和国成立后,王国珍之子王有禄为继承祖业,在古城邯郸发展了珍积成烧鸡店,更加科学地规范制鸡程序,做到"选料精、配料全、造型美、火候准",在色、香、味、形、补方面达到了五全齐美。因此,二毛烧鸡被选为邯郸名吃"八大风味"之首。

如今,王有禄之子王民生继承了祖辈产业,并将老字号"二毛""珍积成"作为商标,通过国家商标局注册,在互联网上进行了国际域名注册,成为中华老字号驰名品牌产品。

二毛烧鸡风味独特,其主要特点是:透熟离骨,肉嫩且烂,咸香清纯,回味鲜美。在一百多年的历史中,味道不变,经久不衰。

制作方法:

原料:选用当年生长一公斤左右的雏鸡,不得用病、残、死鸡。煮鸡时主要配料有砂仁、桂皮、良姜、肉桂、陈皮、白芷等十几味药料和上等酱油。

做法:精选生鸡,宰杀放血,褪毛去爪,解剖造型。加工后的白条鸡,要求鸡皮光洁,色泽鲜正,腹内干净,翅、腿、颈等部位安放得当,造型美观。

煮鸡方法讲究。用火文武兼施,蒙油盖顶,火候掌握适当,一般煮四小时以上,至药料入味透彻为止。因鸡汤味道极鲜美醇厚,故有"老汤"之传说。

红灯下水

红灯下水是鸡泽的一道名吃,也是邯郸市非物质文化遗产之一。

一说起红灯下水,鸡泽的吃货们一定不陌生,它几乎成了饭桌上必点的菜肴。那种滑嫩清香的独特味道,吃货们尝上一口,就可以断定饭桌上的下水是红灯下水,这就是红灯下水远近闻名的原因之一。

红灯下水的"红灯"二字,据说是和创始人王洪石的绰号"红灯"相关。鸡泽县南街村的王洪石,年轻时爱饮酒,为节省钱常常自己在当地买些下水煮出来做酒菜。因自己食用做得很用心,根据本身的牙口和味觉,不断调节着口味,每次煮的时间都相对长些,做出来的下水口感非常不错。酒友和邻里品尝后也赞赏有加,还不断有人前来点名品尝或购买,王洪石索性把煮好的下水拿到市场上去卖。

后来,王洪石老先生经过多次的琢磨与改进,形成了一套独特的制作工艺,下水香脆,肥而不腻,烂而不散,老少皆宜。口感独特的卤制下水,受到了鸡泽当地人的热烈追捧。王洪石年轻时害眼病,眼球红得像灯笼,因而大家开玩笑送他外号"红灯"。也不知道当年谁叫了"红灯下水"这个称呼,经过人们的口口相传,"红灯下水"这个名字就这么叫起来了。

后来,王洪石将做红灯下水的手艺传给了侄儿王敬合。当时王洪石本人家里没有男孩子传承手艺,侄子王敬合就过继给了大伯王洪石。王洪石老先生过世后,王敬合严格按伯父传授的工艺继续制作红灯下水。选料精良,清洗认真,投料讲究。到现在已经是三代相传,而使用的那口老汤,据说依然是王洪石老先生熬制出来的,有百年老汤的美称。经过祖孙三代人的悉心经营，口味一直没有变过，醇香肉烂，肥而不腻，瘦而不柴，干净卫生，百吃不厌。永年、平乡、南和、曲周、邯郸、邢台等周边市县的食客们常常前去购买，也有远在北京、石家庄的食客慕名而来。那些在外地生活的鸡泽人回家后，走时都会带一些红灯下水回去，让周边的人品尝一下家乡的名吃。

若有机会来邯郸，一定要去鸡泽，去买正宗的红灯下水，不过您还不一定能买得上，因为当下水出锅时，很快会销售一空。

制作方法：

原料：下水类

做法：精选下水，清洗干净，采用传统工艺，家传秘方，铁锅卤制。加上20多种珍贵自然调料，小火慢炖至熟。

五百居香肠

市场上香肠火腿的品种可谓五花八门,而邯郸的五百居香肠却与众不同,不吃不知道,吃了还想要。五百居香肠是大名县特色美食之一,以色泽纯正、条杆匀称、香味醇厚、肥瘦适宜、甜咸兼备、回味悠长、经久耐放等特点著称。

若追溯其制作历史,那就要穿越时空回到清道光元年(1821年),其创始人王湘云,原籍山东济南府历城县,自幼家贫,跟随本家长辈王珍学习肉食加工技艺。后偶得机遇,随道台到大名官府当厨师。他头脑灵活,发现大名交通便利、商业繁荣、饮食业发达,于是在大名城内道前街开设了以出售香肠、熟肉制品为主的店铺,又因大名府距离济南府约五百华里,故取店名"五百居"。他制作的香肠味道香鲜,醇厚浓郁,回味悠长,非常畅销。店铺生意兴隆,王湘云遂落籍大名。当时,五百居香肠成为官府佐餐和宴席的上等佳肴,是家庭招待贵宾必不可少的美食,行销省、府、道、县衙中,"五百居"也就成了当时名贵香肠的代称。

五百居香肠与山东莱芜香肠、济南香肠同出一宗,旧称为南肠(因其主要香料产自南洋一带,故称南肠)。南肠口味与广味香肠的甜、川味香肠的辣不同,它以咸香为主味,适合北方人的口味。大名五百居香肠是在南肠的基础上不断发展创新而来,其口感更醇厚浓郁、回味幽香。五百居香肠在1915年作为中国传统特色食品香肠的唯一代表,参展巴拿马万国博览会并荣获金奖。1956年,五百居香肠企业并入国营企业,并被评为邯郸八大名小吃。之后,五百居香肠在2003年被评为邯郸市地方十大名小吃,在2008年被列入邯郸市非物质文化遗产名录,在2012年,被评为河北省知名土特产。

现在的五百居香肠制作技艺，依然采用传统纯手工制作，配料为家传独特秘方，主要为上等石落子、砂仁、桂楠等中药食料，不含任何色素和添加剂，但经久耐放，炎夏酷暑不腐不蛀。

制作方法：

原料：选用新鲜猪大腿肉、肋肉、臀部肉、腰肉为主料，大多为瘦肉；肠衣为漂洗洁净的猪肠衣。姜、盐、石落子、砂仁、桂皮、酱油等为佐料。

做法：制作过程中，先将肉料洗净去血，切成一二厘米大小的肉丁，加入适量的姜末和盐，再把加工好的石落子、砂仁、桂皮、高级陈年酱油等佐料搅拌均匀，放置3小时左右，待料味入肉后再灌肠。每灌14厘米左右用麻绳结扎，边灌边扎，直至整条肠衣灌满，然后晾晒风干而成。

史家酥鱼

吃鱼不吐骨头,非是牙齿好,而是鱼骨酥。在邯郸,您若想吃酥鱼,首选的当属鸡泽县的史家酥鱼和永年区的广府酥鱼。现在先来说下史家酥鱼。

说起史家酥鱼,就不得不提到史家的一位老祖宗,即清朝末年的鸡泽人史东升(字春旭)。清光绪二十年(1894年),史东升在直隶省万千学员中脱颖而出,成为国子监生员的拔贡,代表鸡泽县前往北京述职。在北京期间,机缘巧合,得到了宫廷中的秘方——百合脯酥鱼。十二年后,史东升卸任归家。史东升的第三代嫡孙史保忠自幼喜爱捕鱼，捕来的鱼用家传秘方酥好，先是自家食用，后来到集市上去卖，结果老百姓食用后，感觉其味鲜香，香酥可口，与众不同。于是，很快传遍当地。史保忠过世之后，从小跟随父亲捕鱼的史新社、史利社兄弟二人继承了家传手艺，继续做酥鱼卖。

史家酥鱼从选料到制作程序十分繁杂，料要选 10 厘米左右的野生鲫鱼或白鲢。野生鱼富含钾、钠、镁、锌、硒、碘等元素，由于个头较小，不仅肉质鲜嫩，也更加容易入味。鱼要晾干了之后才能炸，清理洗净后的鱼要经过近 1 个小时的晾晒，让其表面的多余水分自然蒸发，以保证炸完之后形状完整。只有这样，近 200 摄氏度的热油才可以让鱼的表面迅速起酥、上色，从而达到外焦里嫩的效果。油温以及火候的把握尤为重要，之后在煮的时候才能完全熟透。史家酥鱼用的煮锅是专门为酥鱼量身打造的广口砂锅。砂锅因其滚圆的外形又被称作罗锅，由粗粒的石英和黏土烧制而成，不仅具有良好的透气性，同时还有导热均匀、散热慢等特点，在整个酥鱼的制作过程中发挥着至关重要的作用。在制作酥鱼时，砂锅底部除了均匀地码放常见的调味料之外，还需要添加凉姜、桂皮、银杏果等十几味香料搭配出独家秘方。一锅酥鱼从入锅到成型，往往需要经历近十个小时的精细烹制，一锅鱼熬出来就得用十来斤水。熬煮过程当中不断续入清水，加上长时间的热力作用，使得砂锅内的水汽足以渗透酥鱼的每寸骨肉，从而达到鱼肉醇香、鱼骨酥烂的效果，整鱼入口从头到尾，没有一点残渣，如果吃的时候再伴以当地特产的盐渍羊角椒，味觉瞬间得到升华。作为邯郸非遗项目，史家酥鱼给予了八方食客丰富的味觉享受。

制作方法：

原料：野生小鲫鱼或白鲢鱼

调料：油、盐、酱、醋、葱、姜、羊角椒、糖、味精、独家秘方调料

做法：先将鱼除去内脏和鳞，冲洗干净后晾干，再用上等植物油炸至金黄色取出，在罗锅底上撒一层葱姜蒜，将炸好的鱼一层一层地摆好，把秘制香辛料用纱布包好放入锅内，再加入香醋、酱油、盐和鲜汤，最后再添加适量的糖浆。加盖烧开，转小火6小时，再放入味精即可，酥好的鱼色鲜味香，取而不散。

广府酥鱼

了解了史家酥鱼,再来看看邯郸永年区的广府酥鱼吧。广府城周边碧水环绕,苇塘相连,独特的洼淀湿地自然环境形成了"浅植苇稻,深种莲蒲"的种植习惯。自古百姓多以捕鱼为业,吃鱼成了家常便饭。打鱼上岸,一斤以上的鲤鱼、鳜鱼、草鱼被富贵人家及饭店挑走,以备餐宴之用,其余如鲫鱼、鲢鱼、鲶鱼等杂鱼上不得宴席,都留着自家吃。人们便先把此类杂鱼破肚洗净,晾干油炸,配以葱、姜、蒜、醋、白糖等佐料,码放于砂锅之中,用武火炖一小时,用文火炖三四个小时,整条鱼原样不变,入口酸甜绵嫩,刺鳍

永年广府　耿文海摄

皆酥,又不失其鲜,故取名"酥鱼",久而久之,就成为广府一大特产。

1961年毛泽东主席视察邯郸时,地委食堂张师傅(永年广府城人)做了酥鱼上桌,毛主席品尝后给予很高的评价,认为鱼骨含磷、钙最多,白白扔掉十分可惜,酥后便于人体消化吸收,山珍海味在营养价值上也不过如此,应该推广这个做法。主席还让随行厨师留在邯郸学习酥鱼制作手艺,于是酥鱼制作便流传到了北京,以后又有很多外宾派厨师专程进京学制酥鱼技术。现在广府酥鱼已经成为具有中国特色、受到国内外嘉宾欢迎的美味佳肴,并成为名牌产品销售于全国各地。

制作方法:

主料:小鲫鱼

调料:蒜头、大料、鸡精、盐、生抽、料酒、白糖、醋

做法:开剥好洗净的小鲫鱼,整齐码放砂锅内,加入水,放入调味料,开锅后小火慢炖8小时,晾凉即可。

广平崔岭缯肘

广平县历史悠久，风光秀丽，民风淳朴，美食众多，其中老崔美食坊生产的崔岭缯肘，因其独特制作工艺和风味堪称一绝。何为缯肘？缯的本意是指古代丝织品的总称，这里指缯线；此指捆扎之意。肘是指猪的前腿。缯肘加工生产中有个重要环节，是用粗布包裹做好的肘子，然后要用线绳捆缠之后，方能入锅卤煮，故得此名——"缯肘"。

崔岭缯肘制作技艺始于本县西关南村的李凤禄。李凤禄曾在县城老十字街路南开"隆兴饭馆"，距今已有一百五十年，加工的缯肘人见人爱，是人们逢年过节、红白喜事宴席上必备的特色菜肴。"隆兴饭馆"是当时县衙请客必去之处。李凤禄将此制作技艺传承给徒弟宋连科，宋系本县城南街人，曾在县城东段路北开"连记饭馆"，因独特的缯肘而成为新任县官的临时吃饭点。

中华人民共和国成立后，公私合营时"连记饭馆"合并给公立第一饭庄。宋连科收李凤禄之子李绍文为徒，并将此技艺传承给其连襟妹夫王心如（幼名王群）。王心如是本县南寺郎固村人，是第一饭庄的主灶，因此，缯肘名气更大了，每日顾客盈门。

崔岭是广平县北关村人，是第一饭庄的烹调大师。1956年师从王群，十几年深钻细研，使缯肘味道愈加鲜美可口。缯肘的生产工序严谨细致，没有细心和耐心的人是做不来的。缯肘制作最特别之处在于用整条猪前腿来加工。传统中医认为，猪蹄性平，味甘咸，具有补虚弱、填肾精、健腰膝等功能。所以崔岭在缯肘选料上就有自己很独到的见解，所用填充肉料选用猪后座瘦肉，辅料为秘方配制，有白芷、肉蔻、丁香、大料等十几种天然上等名贵香辛料，绝对不加入任何添加剂、防腐剂、淀粉等。带蹄大缯肘是广平县的传统技艺，因崔岭得烹饪技艺的真传，其口感特别好，风味独特。崔岭缯肘不仅是人们餐桌上一道超棒的硬菜，还是人们走亲访友特别愿意携带的地方品牌礼物。

现在,崔岭将自己的缯肘制作技艺传给了女儿崔丽萍。2009年,缯肘制作技艺被列入邯郸市非物质文化遗产名录,2017年,崔丽萍被确定为广平缯肘制作技艺代表性传承人。崔岭缯肘入选后应邀参加了第十五届(廊坊)农产品交易会、中原(邯郸)国际采购经贸洽谈会、广平县首届鹅城文化节等。

制作方法:

原料:干净瘦好猪肉、食盐、香辛料粉等调味品

做法:把猪前腿的整张皮带蹄扒下来,用刀将肉皮上残留的脂肪和肉清理掉,再将皮上的毛仔细刮除净,然后用剪刀将猪皮根据制作要求裁剪为合适大小,在合适的位置用刀均匀打孔,最后用缯线缝制筒状备用;将选好的干净瘦肉切成均匀碎块,按比例配上精心配制的香辛料粉及食盐,搅拌均匀,进行腌制;待肉块完全入味后,将腌制好的猪肉装进之前做的筒状猪皮内,装满填实后,用缯线缝口,再用线绳或麻绳缠紧,之后在老汤里放各种煮肉料卤煮。

鸡泽仲华鸡

要说鸡泽的烧鸡哪家好？人们必然第一个想到的就是仲华鸡，那种酥软香滑的感觉顿时会弥漫在每个人的口齿之间，很多人都会在鸡泽县的一些熟食店中买仲华鸡。鸡泽仲华鸡现已列入邯郸市非物质文化遗产。

说起仲华鸡的创始人田仲华，其经历和故事多得可装一箩筐。那是在20世纪80年代，毕业于机械专业的田仲华远赴重洋来到了利比亚，在利比亚开始了工作和生活。因为机械操作的工作是枯燥的，田仲华便萌生了回国的念头。田仲华身体素质好，平时爱吃肉，特别喜爱鸡肉，但是在国内的那些年，他感觉没有品尝过特别难忘的鸡肉制品，于是他想自己尝试烹调出口味满意的鸡肉。为了做出独树一帜的鸡肉，田仲华便开始了周游列国品尝鸡肉的旅程。他的足迹遍及欧洲许多国家，如德国、英国、意大利等，这些国家的饭店中都留下了他的身影。然而鸡肉的做法属于每个厨师的秘密，田仲华只能默默地记下味道，回国之后又考察了国内鸡肉的一些做法，决定开始自己制作烧鸡。无数次的尝试，无数次的失败。在 年多的时间里，田仲华也记不清自己到底尝试制作了多少次，终于有一天制作出了令自己满意的烧鸡。没想到他的烧鸡一经出世，便迅速赢得了食客的赞赏，都说好吃，一传十，十传百，越来越多的人知道了风正乡田仲华做的烧鸡味道纯正好吃，人们纷纷找上门来买烧鸡。为了方便，人们索性就以先生的名字叫起来——仲华鸡。随着田仲华的年纪渐渐增长，他便将手艺传给了儿子田延波，田延波在原有基础上对制作仲华鸡再次改进，味道更棒了！

　　如今的仲华鸡，全部现宰现煮，经过特别调

制后，口味与众不同。同时在调制的过程中又加入了党参、枸杞、砂仁等名贵药材，让其营养渗入仲华鸡中。二十三年来，仲华鸡在田延波的手中名声越传越远。在鸡泽每到逢年过节时，需要提前一周甚至半个月预约才能买到。

制作方法：

原料：选用健康活鸡，现屠宰洗净处理好，备食用盐、各种自然调味品、枸杞、党参、砂仁等。

做法：将处理好的生鸡浸水中，放好调料，急火开，慢火煮。

成安八大扣碗

扣碗在全国很多地方都有,做法种类繁多,味道更是各不相同,大部分都是肉类扣碗,一般采用先炸后蒸的方式制作。而成安八大扣碗是有荤碗有素碗,荤素搭配,营养全面,吃起来合口,吃后胃里也很舒服。

成安扣碗历史悠久,是从乡村红白喜事发展而来,颇具地方特色。以前乡下穷,农家人炒菜技术也不行,八大扣碗属于下酒菜,上桌后主要用来招待贵客,其他人吃的都是大锅菜。现在生活条件好了,办红白喜事时,所有桌上都上扣碗。

做扣碗的场面十分壮观,农家院里垒起大灶,灶上放个大铁锅,里面放上半锅水。每一个笼屉里摆放最少八个碗,各碗里放着经过或煮或炸后的不同菜品,荤的如炸排骨、酥肉、五花肉、肉丸子、鸡块等,素的如炸过的豆腐、鸡蛋、泡洗好的海带、黄豆芽等,每个碗里加入调好的蒸碗调料,一个笼一个笼摆起来,烧大火蒸。蒸熟后上桌即食。这些菜品既可合又可分,如黄豆芽可以和肉放在一个碗里,豆腐和海带也可搭在一起,丸子和海带或黄豆芽可放一个碗里,不同搭配,不同味道,但都是放在笼里蒸,即用一种烹饪方式来演绎不同的味道,这种做法在邯郸东部其他县区也很流行。

制作方法:

主料:豆腐、海带丝、后座肉、五花肉、鸡腿、肘子、排骨

配料:葱、姜、蒜、酱油、花椒、大料等

做法:将以上原料煮制、炸制,分别改刀装入扣碗中,放入调料,上笼蒸制 2 小时即可。

永年驴肉

中国有句俗语"天上龙肉,地上驴肉",是人们对驴肉的最高褒扬,据《本草纲目》记载,驴肉补血,治远年老损,煮之饮,固本培元。中医认为,驴肉可补气养血,对气血不足者有极大补益。驴肉属高蛋白、低脂肪、低胆固醇的肉类,含蛋白质、脂肪、钙、磷、铁及多种维生素和微量元素。功效非凡的阿胶制品,就是用驴皮熬制而成的,具有很好的补血护肤养颜功效。

邯郸永年区卖驴肉的历史很长,永年驴肉也

成了永年的特色小吃，远近闻名。尤其是驴肉香肠更早负盛名。驴肉香肠是永年区的一种传统名吃，源于清朝末年，有近百年历史，是中华传统名小吃，以其质高味美而被尊为肉食中的上乘佳品。

永年区的驴肉香肠又称驴灌肠。驴肉香肠营养丰富，醇香鲜美，回味悠长。

制作方法：

选用精驴肉，洗净，吹起晾干，煮熟，剁成肉末，再用肉汤调和粉芡后，加花椒、茴香、砂仁、陈皮、肉桂、丁香、姜末等香料，用芝麻香油和肉末、粉糊一起调拌，然后灌入肠衣中，扎成小捆，高温蒸煮灭菌，最后用果木熏制而成。

临漳煎皮渣

皮渣是临漳成安一带一种独具特色的食物。要说这皮渣是谁发明创造的,谁也不晓得,但在当地有一个传说故事讲的就是这皮渣的来历。

据说很久以前临漳地区有一户穷苦人家,主人想要招待客人,因买不起肉,便做了一碗炖豆腐、一盘炒鸡蛋、一盘土豆丝,外加一份炒白菜,算是下酒菜。他想把家里的粉条粉皮熬成大锅菜,算是就干饭吃的菜,可一翻橱柜发现粉条已吃完,只剩下一堆粉条渣,粉皮也只剩下了碎渣,没办法主人便将两种渣子收拾收拾统统扔进了锅里,煮了半天一看，因东西少显得稀汤寡水的，看见灶旁放着粉芡，索性勾上粉芡可以让大锅菜稠些。勾上芡后，锅里炖菜果然变稠了，于是倒入盆子待用。主人和客人酒过三巡、菜过五味后，回到厨房端饭菜时非常惊异，盆里的粉皮粉条渣子糗在一起，已没了大锅菜需要的那种粉条粉皮的模样，比平常的凉粉还硬得多，于是主人干脆将盆中的粉皮粉条坨子切成块，同其他蔬菜、豆腐一起放入锅中做成了烩菜，给每位客人盛了一碗，心想这也就算是稀里糊涂地打发客人了。客人吃时，对常吃的豆腐、蔬菜感觉一般，但吃到这种松软食物时，却感觉味道有别，吃起来还很可口。其中一人不由地问主人："这菜叫什么？"主人一时还被问住了，想了想这东西是粉皮粉条的渣做的，就硬着头皮说："是自家制作的皮渣。请多提意见。"没想到客人吃了一碗还想吃，主人尝了也觉得口味不错。邻居们传开了，都开始做皮渣，不只用碎粉条做，也用长粉条做。

后来条件好了，人们把皮渣切成片，放在平底锅里煎着吃，外焦里嫩，唇齿留香，色泽金黄，口感棒极了。

制作方法：

主料：红薯粉条、鸡蛋、淀粉、面

配料：虾米、小葱或大葱

调料：盐、味精、鸡精、十三香、酱油、植物油

做法：把粉条放入锅中煮熟，捞出冲凉；把粉条放入大碗中依次放入鸡蛋、淀粉、面、虾皮、小葱还有调料，蒸成皮渣块；把皮渣块切成小块，放入油锅中小火煎至两面金黄即可。

陈义豆腐皮

　　广府陈义村豆腐皮,始于明代,距今已有六百多年的历史。做法是选用上好的黄豆,洗净后再用清水泡上约三四个小时,然后磨成豆汁,用纱布过滤。过滤后的豆汁放至锅里煮熟,适时点上卤水,待冷却后,用竹箅子在锅面抄起表层的皱皮,晾干后即为豆腐皮。豆腐皮色泽乳白,薄如蝉翼,切丝凉拌,入口细腻柔韧,如佐以白菜心等,更能使人感受到豆香怡人、清甜爽口,是当地老百姓招待亲朋宾客的佳肴。

有关于陈义村豆腐皮,还有着一段传说:相传明朝燕王朱棣扫北时,来到陈义村后,手下将士欲杀掠陈义村。村中一位做豆腐的老者闻讯后冒死觐见燕王,献上一筐豆腐皮并说明来意。燕王品尝后连连夸赞,并特意写下手谕,命令将士不得杀掠陈义村,从而使一村老小免于灭顶之灾。朱棣登基后陈义豆腐皮曾作为贡品进奉皇宫。

制作方法:

主料:陈义村本地手工豆皮

配料:葱丝、香菜

调料:盐、味精、鸡精、辣油

做法:豆皮改刀成均匀的条状,葱丝、香菜、生抽、味精、鸡精、辣油拌匀即可。

临漳扒兔

到临漳县游玩,不尝尝临漳扒兔就遗憾了!

据了解,临漳扒兔早在清朝就已远近闻名。临漳县是我国著名的"獭兔之乡"。临漳的扒兔就是用享有"兔中之王"美称的优质獭兔做原料,用多种名贵中药材及香辛料并经过腌制、焖煮等多种工序加工而成。生兔是专门优选生长五六个月的健康活獭兔。

临漳扒兔为五香脱骨,味道鲜美,口感纯正,老少皆宜,是纯天然绿色食品,具有浓郁的地方风味特色,已成为邯郸地方食品的一大品牌产品。临漳扒兔不但是餐桌上的美味,还是旅游佐餐、馈赠亲友、家宴、娱乐休闲之佳品,并远销德、意、日、韩等国家,深受客户的青睐。

制作方法:

主料:临漳新鲜獭兔

调料:花椒、大料、香叶、桂皮、白扣等多种中药料

做法:将新鲜獭兔洗干净血水,加入花椒、大料、香叶等多种药料腌制8小时,放入卤汤,卤制至骨酥肉烂即可。

肥乡削割

  肥乡削割是肥乡的传统美食,据说削割的制作与传承还与北宋圣相李沆有一段历史渊源。有的人还说和曹操有关。李沆是肥乡区相公庄人,北宋清廉宰相,遭到奸人诬陷后免职回乡,郁郁寡欢,不思饭食。其夫人善于调理美食,便将鸡蛋皮卷上肉馅,蒸熟切段后再进行油炸、炖制,做好给李沆上餐。李沆吃后大呼"于京城也从未食过如此佳肴",遂食欲大增。因为制作过程中,有需要用刀削切成段的过程,从此就取名"削割",民间乡邻纷纷仿制,渐成大众餐桌美食。那削割汤味道鲜美,那削割吃起来又香又筋道,百吃不厌。

制作方法：

主料：肉馅、鸡蛋

配料：杂菌（香菇、杏鲍菇、草菇）

调料：植物油、食用盐、味精、鸡精、鸡汁

做法：将杂菌用高汤煨好备用，鸡蛋皮卷上肉馅，蒸熟切段后再进行油炸备用；起锅放入浓汤、葱片、姜片、自制削割、杂菌，用食用盐、味精、鸡精、鸡汁调味，炖3分钟出锅放入小葱、香菜即可。

成安郎堡套肠

套肠是成安郎堡的一大特色，因其制作工艺复杂，产量有限，又有很多饭店订购，所以一般人想吃时，上午得早点去买，晚了就买不到了。

所谓套肠，就是把精选猪小肠套到大肠里，然后用陈年卤汤卤制而成。从外表看，套肠和普通的白水煮猪大肠没多大区别，但切开以后，另有玄机——大肠里面套着一根根小肠；从切面来看，和莲藕有些相像。套肠成为郎堡著名的小吃，

特色美食篇

至少有上百年的历史。套肠的用料非常讲究，必须要用本地农户家里养的生猪现场宰杀后取出的大肠和小肠，并非外地猪的肉质不好，而是外地猪在长途运输过程中无法喂食，猪饿了就会分泌胆汁，而胆汁会使肠子的味道变苦。除此之外，还必须符合肠壁厚、肉质多、光洁度好等条件。

制作套肠的关键是清洗。清洗小肠时首先要将外表清洗干净，然后翻转过来，用面粉涂抹，再反复清洗。清洗大肠除了上述步骤外，还要将带血筋的肠油全部剔除。

清洗干净后，将小肠根根地塞进大肠里，要塞得非常紧，粗一点的大肠至少要塞进七八根小肠。接着，将生套肠投入滚水锅里氽一下，再捞出来洗干净，然后倒一锅清水，放入盐、葱、姜、料酒以及秘制的香料，旺火烧滚后用文火焖煮两个小时左右即大功告成。套肠需趁热吃，吃时佐以酱油、葱、麻油等调料。盘中的套肠犹如片片洁白的莲藕，配上碧绿的葱花，夹起一片细细咀嚼，只觉酥而不烂，肥而不腻，口感筋道十足，味道醇香，丝毫吃不出下水的膻味。

制作方法：

主料：套肠300克

配料：青、红尖椒200克，葱丁50克，蒜丁50克

调料：植物油、蚝油、味精、鸡精、白糖、麻辣鲜露、胡椒粉、米醋、酱油

做法：套肠氽水，滑油备用，青、红椒切块备用；起锅放油，下入葱丁、蒜丁爆香，下入蚝油、麻辣鲜露、酱油，将套肠、青红椒块放入锅中，加少许高汤，再放入味精、鸡精、白糖、胡椒粉烧3分钟，勾芡出锅。

魏县双井煎血肠

相传三国时期,曹操路过魏县,在一棵古槐下偶遇一老者,老者正在煎一种曹操未曾见过的东西,谓之"血肠"。曹操下马后试吃,口感焦香,十分好吃,于是大喜,并叫随行人员品尝,血肠遂流传开来。

血肠多为新鲜猪血加入佐料灌入猪肠做成,煎血肠即将做好的血肠切成薄片进行油煎,也可用水加热,切片配上蒜汁、辣椒油做成水灌肠。

猪血，又称猪红、液体肉、血豆腐和血花等，性温，有解毒清肠、补血美容的功效。

制作方法：
主料：双井血肠
调料：蒜汁、猪油
做法：双井血肠改刀至薄片；平底锅内放入猪油，煎至双面凸起变色即可出锅。

广平带汁肉

到广平一定要去品品带汁肉。带汁肉在邯郸广平是赵家独创的一种地方小吃,自创始至今已有百余年历史。带汁肉是以猪肉、精制面酱、木耳、葱姜蒜和多种新鲜蔬菜烹饪后加大骨汤炖制而成的一道色泽鲜艳、营养丰富的菜品,有肉有菜还有美味的汤汁,经济实惠又达到一菜两吃的效果,颇受人们欢迎。因其带有汤汁,故起名为"带汁肉"。

制作方法：

主料：肉丝、腐竹、藕丝

配料：西红柿、木耳、蒜薹、粉皮

做法：先将以上原料改成丝；肉丝、腐竹、藕丝过油，配料全部过水待用；起锅放入葱花、姜末等原料煸制2分钟后放入高汤，加入原材料调味进行烩制而成。

魏县大锅菜

大锅菜是一道色香味俱全的传统名菜,是中国北方地区常见菜品之一,在北方地区非常流行。大锅菜食材多样,营养丰富,汤汁浓郁。其名称的由来,首先是它有很多种菜的风味,其次就是早年大家是在一起吃饭一起干活,所以就叫作大锅菜。

大锅菜的做法很简单,把几种家常菜蔬放进大锅一起煮或炖,到了一定火候便成了大锅菜。熬炖中各种菜相互借味,杂而不乱,多却不琐碎。当然也不是什么都可以放,自然也不是什么人都喜欢吃。大锅菜的原料不外乎白菜、豆腐、粉条之类，当然也少不了大片的肉或大块排骨，有时候还要放上红红的辣子或者火锅的底料。熬炖出来的鲜香浓郁的大锅菜是这样的：白菜熬得立不起身，豆腐炖得挺不起腰，粉条烀得站不住脚，而肉和排骨更是咕嘟得松松垮垮。

大锅菜虽有些土，但却能上得大席面，很多酒席的最后一道菜都是大锅菜。大锅菜只有用普通东西才做得地道，若放进山珍海味，反倒失了味道。所谓"百菜白菜美，诸肉猪肉香"。大锅菜为家常菜，要用家常吃法。

制作方法：

主料：肋条猪肉、海带、丸子、时令蔬菜、粉条、豆腐

配料：葱、姜、蒜、香菜、料酒、酱油等

做法：先在炒锅里放油，把丸子、豆腐炸好放一边待用；烧火熬点猪油，把油渣捞出来，将切好的肋条猪肉片放进锅里，再放入葱、姜、蒜、料酒、酱油及大料、花椒等炖肉料；待肉炒至深红色时放入高汤和海带丝，熬到肉烂汤肥，放点味精，放一边待用；用另一个大锅倒入食用油，放入葱、姜、蒜爆炒一下，加入酱油翻炒出香味，再加水烧开后，把粉条和大白菜、土豆块、黄豆芽等时令蔬菜放入锅中煮，至快熟放入炸好的豆腐、丸子、蒜苗等再煮上一小会儿即可；大锅菜做好后，用勺子把素菜盛上多半碗后再去肉锅里舀一勺肉和海带，荤素搭配，味道鲜香可口。

馆陶房寨豆腐丝

小吃其实不"小",许多小吃穿越百年靠味道延续至今,经历了一代又一代的创新、丰富与完善,代代相传,成为经典美味。馆陶房寨豆腐丝就是这样的。

据《馆陶县志》记载,房寨镇大部分村庄名称来历与宋辽战争相关。相传宋辽战争时,宋朝将领穆桂英在此安放过孩子,故名"放儿寨",后名称演变成"房寨"。房寨镇自古人畜兴旺,五谷丰登。房寨镇房寨南村生产的豆腐丝以其独特的工艺和别具一格的风味远近闻名,成为地方特产中的一绝,被誉为"菜中之瑰宝"。

馆陶房寨的豆腐丝是由制作豆腐发展来的。相传，从汉代起，房寨一带的人就开始制作和食用豆腐。随着佛教的兴起，佛门人吃斋食素风行，于是，豆腐片、豆腐干、豆腐丝等豆制品也应运而生。在众多的豆制品中，豆腐丝则以其浓郁的香味、乳黄的色泽、柔韧的条股、精细的制作而别具一格，成为一种流行的地方风味食品。

据有关资料记载，房寨的豆腐丝曾作为一道名贵菜肴，在清代宫廷里供帝王公侯食用。如今，随着经济发展，馆陶客流量加大，味道别致、健脾益胃的房寨豆腐丝被过往客商带到了全国各地。

制作方法：

主料：房寨豆腐丝

配料：葱段、红椒

调料：生抽、醋、香油、味精

做法：豆腐丝改刀成段，葱段切丝，红椒切丝，加调料适量拌匀即可。

韭香小河虾

在邯郸许多家庭及饭店中,有一道当地人喜爱吃的常见菜就是韭香小河虾。

邯郸河流纵横,水域丰富,特别是漳河、滏阳河里盛产小河虾,其肉质细嫩,味道鲜美,是高钙、高蛋白、低脂肪的水产食品。据居住在滏阳河边的老人讲,当地人吃小河虾的习惯历史悠久,以前生活困难,缺油,人们用细网在河里打捞出河虾,清洗干净,直接水煮后拌些细盐和葱花配干粮吃。

现在小河虾有两种吃法,一是油炸后直接吃,二是烹炒,特别是口感酥香加韭香、红绿相间的韭菜炒小河虾倍受食客喜爱。

制作方法:
主料:小河虾
配料:韭菜
调料:植物油、椒盐、料酒
做法:将小河虾清洗干净后,用料酒、少许食盐码味,拍粉炸制;净锅后放入小河虾、韭菜、少许椒盐翻炒均匀后出锅装盘即可。

广平苦累

如果您留意，可以发现民间许多传统菜品背后都蕴含着劳苦人众的智慧和酸辛。在邯郸东部广平县一带，有一道蒸着吃的美食，介于主食和菜之间，人们都叫它"苦累"（谐音）。这两个字到底该怎么写，谁也搞不清楚。之所以用"苦累"两个字做谐音，因为此菜品可让人忆苦思甜。

蒸苦累里有母亲的味道，这种感觉从农村中长大的孩子体会最深。以前粮食紧缺，主食不够吃，持家的女人们想着法将大自然中的可食植物变成主食，为家人们填肚充饥。比如，春天时，树上的榆钱、槐花，地里的猪毛菜、扫帚苗、杏仁菜等野菜都可做苦累的原料。这些大自然之物洗净后拿细盐搅拌均匀，掺上点白面或玉米面，上笼屉蒸，蒸熟后，蘸着酱油加醋拌的蒜汁吃，如果条件好的话再滴上两滴香油，味道蛮好。夏秋时节，那些未来得及摘下的老豆角儿，红薯秧的嫩尖儿、剪下来的胡萝卜缨等，则成了苦累的新原料。

现在，虽然各种反季蔬菜、鸡鸭鱼肉成了邯郸人餐桌上的常备菜，但同时也给人带来了烦恼的"三高"。而当年用以糊口的蒸苦累，清淡味美，在消寂了一段时间后，又重返邯郸人的餐桌，成了人人喜爱的一道特色菜。那些做苦累的原料，也扩展到了红白萝卜、土豆、茼蒿、芹菜等多种蔬菜。

若您来邯郸想品尝一下苦累的味道，就去邯郸特色菜饭店，皆有此道菜品。若想自己做做呢，也不复杂，看看下面做法就可一试。

制作方法：

主料：长豆角、土豆、胡萝卜

配料：澄面、白面粉

调料：盐、生抽、蒜蓉、香油

做法：长豆角切丁，土豆切丝，胡萝卜切丝；豆角丁加白面粉拌匀，土豆丝、胡萝卜丝加澄面拌匀，让面均匀地粘在菜表皮上，将三种拌好的主料放入开水蒸锅，蒸三到四分钟出锅装盘，将用调料拌好的蒜汁浇到蒸苦累上即可。

魏县烤梨

魏县种植鸭梨的历史非常悠久，据记载有两千多年，素有"中国鸭梨之乡"的美誉。

烤梨是当地人的一种传统吃法。他们用一个铁皮箱，前面有数个带把手的圆形"小门"，里面是一个带支架的"抽屉"，藏着并排的三格，每个小格上放一个传统的搪瓷杯，里面放着一个去了核的雪梨，中间掏空的部分放进了红枣、桂圆、冰糖等。

通过烘烤加工，烤出来的梨糖水质稠，味道清甜，止咳润肺。

制作方法：

主料：魏县鸭梨

配料：红枣、桂圆、冰糖

做法：将鸭梨洗净，去核，塞入一个红枣、一个桂圆和一小块冰糖，放入烤盘内；打开烤箱，温度调至220度，烤制40分钟即可食用。

磁州鼓楼焖子

一种小吃能够传承下来，和它所在的地域自然环境有关，它能延续，说明比较适合当地人的饮食习惯。磁州焖子就是这样一种小吃，你若到磁县（古称磁州），当地的朋友都会推荐你尝尝这一特色小吃。

要说这道小吃是谁发明创造的，这背后有一个很特别的故事，可谓无心插柳柳成荫。相传，从前有门氏两兄弟来磁县经营粉条生意，有一次刚将粉条坯做好，遇上了连阴天，粉条晒不成，粉还会坏，情急之下，门氏兄弟将乡亲们请来，用油煎粉坯，然后拌蒜汁吃。没想到，乡亲们吃后都说好吃。于是大家便帮门氏兄弟支锅立灶煎粉坯来卖了。

20世纪80年代，焖子出现在了街边的很多简陋的小摊儿上。几张简陋的桌子，几个破旧的板凳儿，一口黑漆漆的大锅就构成了简单的特色焖子小吃摊儿。小吃摊儿虽然简陋，但只要你打这摊儿前一过，馋人的香气就冲进你的鼻子，绊住你的腿，不由得便会停下脚步点上一碟尝尝，有时客满人多，没座儿了，站着吃也很惬意。

大约在20世纪90年代中期，焖子开始登堂入室，寻常街巷间的焖子摊儿很少见了。进入大酒店的焖子在传统做法上又增添了新内容，有菜焖子也有肉焖子，价格高低取决于搭配的食材。

制作方法：

主料：肉馅

配料：韭菜、红薯淀粉、鸡蛋、土芥末

调料：食盐、鸡精、味精、十三香、香油、料酒、姜末

做法：上好猪肉馅，韭菜洗干净切碎，鸡蛋用不粘锅摊成皮；大盆中放入上好的肉馅，加入以上调料搅拌均匀，再加入红薯淀粉和韭菜搅匀，盘子上面抹上油，放入摊好的鸡蛋皮，再加入调好的肉馅，摊成圆饼，上蒸箱蒸20分钟即可。吃的时候，切成小块，蘸上芥末，口味更佳。

磁县观台豆干

豆干是豆腐干的简称，是中国传统豆制品之一，是豆腐的再加工产品。豆干鲜香适口，硬中带韧，久放不坏，是各大菜系中都有的一道美食。

观台豆干的产地就是磁县的观台镇。磁县的观台村北有一个土台，相传是三国时期曹操在这里阅兵所建，叫作观台，观台村也由此得名。另据明嘉靖《彰德府志》记载："石虎所筑，以临漳水，故名曰观。"观台村因其土质适宜种植谷子、玉米、大豆等农作物，自古村民就有制作豆腐的传统,到了清代观台村民中有人掌握了做豆腐干的技术,渐渐地观台豆干成了附近一带小有名气的食品。观台村的孙家以祖传方法生产的豆干更是味道纯正,既香又鲜,久吃不厌,被誉为"素火腿",在邯郸地区深受欢迎。

制作方法:

主料:观台豆干

配料:香菜、红尖椒、蒜末

调料:香油、食盐、米醋

做法:将观台豆干切成丝,香菜切段,尖椒切丝放入盆中,加入调料凉拌,装盘即可。

胖妮熏鸡

胖妮熏鸡是一道色香味俱全的传统名肴,属于河北菜。此菜起源于邯郸市磁县磁州滏阳街焦家,自焦明老人始创已有一百多年的历史,至今已是第五代传人。经熏制的胖妮熏鸡,水分少、肉外露、香味浓、肉质嫩,号称存放一年不变质。早期熏鸡因气候等各方面因素的制约,只限在冬季加工,一季下来生产的熏鸡有限。后经反复改进,使熏鸡生产打破了只限冬季加工变为四季加工,产量逐年提高,胖妮熏鸡在选料上相当严格,经过十几道工序，熏制过程中不但要连续翻动，而且还要掌握烟量、火候与锯末的多少。虽然工艺烦琐，但这样制作出来的熏鸡保质期长，色泽紫褐油亮，香酥鲜美，特点突出，是饮食餐桌上的上等佳肴。

制作方法：

主料：肉鸡

配料：食用油、大料、葱、姜、五香粉、盐、料酒、酱油、香油

做法：胖妮熏鸡采用的是传统的加工制作方式，选用一年左右的户养肥嫩家鸡，经过十几道工序，配有十几种自然植物秘制的香料，上笼熏制而成。

峰峰三下锅

峰峰三下锅又叫彭城三下锅。三下锅是彭城地区具有独特风味的民间名菜。彭城三下锅不同于一些地方的大锅菜，它选料考究，做工精细，需要好几道加工程序，具体分为荤三样、素三样。三下锅里有炖肉、酥肉、丸子荤三样和蒸皮渣、炸豆腐、炸土豆素三样，用大锅熬制，再加少许菠菜、蒜薹等绿色蔬菜。三下锅由于烧制的时间较长，因此需将食料先炸过，如此烧煮时，食料才不至于太过糊烂，味道也比较香。蔬菜炸过再入锅烧煮，更为入味。锅内小火烹煮，蔬菜、肉等多种食材互相补充，营养丰富，色香味俱全。

提起峰峰的彭城三下锅还有一段故事，相传明嘉靖三十三年（1554年），倭寇在我国东南沿海地区不断大肆袭扰，由于朝廷腐败，虽曾多次派大军抗倭，都以惨败告终。尚书张经上奏朝廷请征平倭，时值阴历年关，他深知一去近期难返，决定与亲人过最后一个年，于是下令："蒸甄子饭，切坨子肉，斟大碗酒，提前一天过年再出征。"因时间紧，来不及准备很多菜，就将腊肉、豆腐、萝卜一锅炖，叫作"合菜"，吃了好上路。这道菜以后就演变成"三下锅"。士兵们上前线后，很快打败倭寇，收复了失地。后有峰峰籍士兵返回家乡，就将三下锅的做法带了回来。据说清乾隆皇帝微服出巡，到此食用三下锅，也感回味无穷，赞不绝口。

彭城三下锅的就餐形式也与其他地区不同。各地的宴席都有各自的名堂，冀南地区有八八席、六六六席，还有十大碗、三道饭。这些宴席都有共同特点，就是客随主便。只要一开席，酒菜饭菜由主人事先安排的顺序上，最后一块撤。而彭城三下锅却另具特点,主随客便,让客人随意喝好吃好。这道菜也是彭城人结婚、做寿、做满月招待亲朋好友的首选饭菜,体现了彭城镇的悠久历史和热情好客、淳朴憨厚的乡土风情。

制作方法:

主料:肉丸子、酥肉、五花肉

配料:皮渣、土豆块、豆腐块

调料:植物油、食用盐、味精、鸡精、高汤、大料、黄豆酱

做法:土豆、皮渣、豆腐进行改刀成块状,炸至金黄色备用;前膀肉切条入味上浆炸至金黄色备用;把肉馅入味上浆,做成水丸子,炸至金黄色备用;锅底烧油放入葱花、姜片、蒜片炝锅,放入黄豆酱爆香,再依次放入配料,翻炒均匀加入高汤炖8分钟,放香油、香菜、蒜末、香醋出锅。

涉县卤核桃

涉县是中国核桃之乡,核桃栽培历史悠久。核桃营养价值丰富,有"万岁子""长寿果""养生之宝"的美誉。涉县核桃产量高、品质优,每年丰收以后当地人都喜欢用五香咸水浓汁卤着吃,渐渐地形成了一道地方特色美食。

制作方法:

主料:薄皮核桃

调料:陈皮1片、八角1个、花椒10粒、香叶2片、桂皮1小段、干红辣椒1个、食盐1/2茶匙、卤水汁1勺、老抽1勺

做法:干净的核桃夹开,放适量冷水,放入核桃加入卤水汁和各种调料,开大火煮制15分钟,关火浸泡1小时即可。

武安韭菜鸡蛋炒小米

武安是中国小米之乡,有着多年的种植历史。在武安地区,小米的做法有很多,除了熬粥之外,还有焖饭,甚至炒菜。韭菜鸡蛋炒小米就是将所有材料放在一起炒制而成,是颇具地方风味的小吃。该小吃色泽金黄、香气怡人,吃起来像主食,又像一道可口的菜肴。小米较大米细小且营养丰富,在嘴里有嚼头,黄澄澄的色泽很诱人,配上韭菜、鸡蛋,味道醇厚,且具有养胃补气的作用。

制作方法：

主料：小米

配料：韭菜、鸡蛋

调料：植物油、食盐

做法：将小米洗净，放入已经烧开的水中，焯5分钟，焯好后将小米捞出过滤掉水分并晾干一些；韭菜洗净切碎，鸡蛋打散成蛋液；锅烧热倒少许植物油，倒入鸡蛋液，将鸡蛋炒至凝固，并铲成小块盛出待用；锅中再倒入少许植物油，把晾好的小米倒入，翻炒到小米散开后，倒入切碎的韭菜和鸡蛋碎；翻炒均匀后关火，用余温再翻炒几下，最后放入少许盐调味。

武安大合碗

武安合碗是武安各地酒席上必不可少的菜，也常常在农村办喜事的酒席上出现。武安合碗以猪肉为主要原材料，事先做好备用，最后上笼蒸，上桌时再将做好的菜装到碗里。主要有烧肉、腐乳肘子、酥肉等几种。其中烧肉在上笼蒸的时候，先放肉再放豆腐、粉丸子、肉丸子，蒸好后再扣到另外一个碗里，又叫作扣碗。

制作方法：

主料：精五花肉 500 克、豆腐 100 克、皮渣 100 克

配料：紫菜 30 克、肉馅 50 克、鹌鹑蛋 100 克

调料：葱 15 克、姜 8 克、八角 3 克

做法：五花肉切成大块，煮八分熟，过油炸一下，再切成薄片，豆腐切厚片炸至金黄色，紫菜用凉水泡开，备用；把五花肉片均匀地摆在小碗里，再加入炸豆腐。锅烧热加入 30 克油，放入调料及蚝油、酱油、料酒、水，烧开后倒入小碗，蒸 90 分钟；把蒸好的扣肉加入皮渣再蒸 15 分钟，倒入盘中，用炸好的肉丸子、鹌鹑蛋、紫菜围边即成。此菜品肥而不腻，入口即化，回味无穷。

鸡刨豆腐

这道菜选用当地的卤水豆腐捏碎后,加入五仁——核桃仁、瓜子仁、杏仁、花生和芝麻,再加上鸡丁及猪肉丁,这样炒出的鸡刨豆腐有五仁、五味和五色的特点,俗称鸡刨豆腐。因这些食材在当地山里和乡村中十分普遍,且营养丰富,老少皆宜,好吃不贵,做起来也比较简单,因此在邯郸西部山区十分流行。现如今到饭店里就餐,人们常喜欢点这一道菜。

制作方法：

主料：老豆腐、鸡蛋、肉末

配料：花生碎、熟芝麻、虾皮

调料：葱花、蒜末、香油

做法：老豆腐用手抓碎，挤干水分，加入鸡蛋2个、食盐少许搅拌均匀；锅烧热后加入5克油，放入肉末炒香，放入拌好的豆腐小火慢炒，豆腐水分炒干时加入配料和调料，出锅装盘即可。

磁县莲藕

磁县，古称磁州，种植藕的历史悠久，据《磁州志》记载，远在三国时，磁州莲藕就被列为贡品，由藕史督办，逐岁进贡朝廷。《磁州志》还记载："吾磁所产之藕，品质颇佳，昔为贡品，今则每年输出者亦不少。"可见在很早以前，磁州莲藕就已经远销各地了。"御路荷花"更是磁州十大美景之一。

魏国丞相曹操，常在荷花盛开季节率群臣举行大规模的观莲盛会，并将荷叶盛酒用荷梗吸饮，美称"象鼻杯"。在出土的古磁州窑的陶瓷文物中，常可见到饰有荷花的图案。被称为"花中君

磁其荷塘　赵成轮　摄

子"的荷花，荷钱浮池，点缀绿波，翠叶竞立，娇艳欲滴。磁州白莲藕产地位于滏阳河两侧的低洼地带，该区土壤多属静水沉积母质，或为黏质湖相静水沉积物，表层质地多是中壤和重壤，适宜栽培莲藕和水稻，是河北省的"莲藕之乡"。正因为莲藕地产丰富，其吃法在周边有许多不同，并影响到更多地区。磁县白莲藕营养丰富，含多种微量元素，以白净、粗长、皮薄、脆嫩、无渣等特点闻名，用其制作凉菜也是常见的一种吃法。

制作方法：

主料：新鲜磁县莲藕

调料：姜末、盐、味精、白醋

做法：莲藕去皮，改刀，切成藕片，清水洗净，在开水锅中烫熟捞出，放入凉水中过一下，装盘放入调料拌匀即可，口味酸甜适口。

沙县菜锅小卷

涉县是我国红色革命圣地之一。当年在艰苦卓绝的斗争岁月中,革命老区军民将土豆、豆角等新鲜蔬菜翻炒几分钟后加水,然后把揉好的面擀成小饼,刷油卷起,切成小卷放入铁锅中一起慢炖,待锅中汤汁熬干之时,小卷充分吸收了蔬菜的美味。这道菜品既简单又充饥,还有营养,它最大特色就是蔬菜和小卷的充分结合,让食客在吃时充分享受蔬菜的清香和小卷的筋道。

现在生活条件好了,做菜锅小卷都配肉了。特别是排骨菜锅小卷,味道香鲜可口,颇为诱人。

制作方法:

主料:四季豆、土豆条、茄子条、北瓜条、西葫芦条

配料:排骨寸段50克、小卷10个

调料:猪油、植物油、味精、食用盐、鸡精、甜面酱、酱油、老汤、香油

做法:排骨炖熟备用;起锅放入猪油、植物油,加葱、姜,放入面酱、酱油炒香,加入各种主料和排骨、老汤,再加入食盐、味精、鸡精调味,锅开加入小卷10个,加盖炖6至7分钟出锅加入香菜、香油即可。

峰峰炒凉粉

若您去峰峰做客,想吃吃当地特色菜,主家肯定会向您推荐当地有名的传统特色小吃炒凉粉。那润润滑滑、香香微辣的感觉,笔者说着说着就垂涎三尺了。

据说炒凉粉原是北宋首都开封一道很有名的传统特色小吃,色泽洁白,晶莹剔透,嫩滑爽口。有首写凉粉的诗很有意思:"冰镇刮条漏鱼穿,晶莹沁齿有余寒。味调浓淡随君意,只管凉来不管酸。"凉粉种类很多,用豆类、米类或山芋、红薯的淀粉等,加适量水稀释成糊,煮熟后冷凝成块,俗称"凉粉儿",有豌豆粉儿、绿豆粉儿、山芋粉儿等,清香味浓。邯郸和河南相连,历史上又同属中原地区,很多地方相通,这道炒凉粉传到峰峰一带后也颇受人们喜爱。根据当地人的饮食习惯,厨师们在盘子旁边加上了炸过的玉米面饼子就着炒凉粉吃,那口感更是妙不可言,来峰峰时,您一吃便知。

制作方法:

主料:凉粉

配料:黄饼子、肉末、杭椒、美人椒

调料:植物油、食用盐、味精、鸡精、泡椒、豆瓣酱

做法:黄饼子切块炸至金黄色备用,凉粉改刀备用;起锅放入植物油,烧热放入肉末、蒜末、葱花、姜末、美人椒爆香,放入豆瓣酱、泡椒爆香,加入高汤,放进凉粉,大火烧制1至2分钟,收汁出锅。

磁县炒鲜粉皮

鲜粉皮是磁县的特产，主要产于县城及周边农村，目前还沿用着家庭手工作坊式生产。鲜粉皮是用绿豆淀粉加工而成，并用国产槐树上结的豆角汁染成黄绿色，厚度在0.5至1厘米。一般浸泡在水中存放，食用时进行烹炒加工，也可凉拌。磁县鲜粉皮的特点是鲜、嫩、食用方便、易加工、口感好，是当地宴席的主要菜品之一。

清乾隆四十九年（1784年），已是古稀之年的乾隆第六次南巡回京，再一次驻跸磁州，由于多日旅途劳累，食欲大减。聪明的州官，不搞山珍海味、飞禽走兽，而是精心烹制了一盘绿豆芽炒鲜粉皮，乾隆一吃，爽口鲜香筋道，龙颜大悦，即兴赋诗一首："烟花三月下磁州，唯有鲜粉乃珍馐。一去江南万千里，梦里还曾回磁州。"尽管风云往事都淹没在久远的历史深处，但鲜粉皮这道磁县名吃却流传至今，成为地方餐饮文化中一颗璀璨的明珠，熠熠生辉。

磁县炒鲜粉皮看上去也特别引人食欲，黄豆芽、绿韭菜、晶莹剔透的粉皮，只要此道菜品一上桌，那绝对品压群菜，夺人眼球，引人垂涎。

制作方法：

主料：自制鲜粉皮、五花肉

配料：黄豆芽、青红尖椒、韭菜

调料：色拉油、食盐、鸡精、蚝油、黄豆酱、干辣椒、葱花、姜末、蒜片、酱油、老抽王

做法：首先把鲜粉皮切条，韭菜切段，杭椒、美人椒切寸段，五花肉切片，把鲜粉皮、黄豆芽氽水备用；锅内放入色拉油15克，放入五花肉、干辣椒段、葱花、姜末、蒜片炒出香味，放入蚝油、黄豆酱、酱油、黄豆芽、鲜粉皮、盐一起翻炒，最后撒入韭菜段出锅，装盘即可。

涉县黄焖兔

俗话说"飞禽莫如鸪,走兽莫如兔",兔肉有荤中之素的美誉。现代营养学家和医学家研究表明,兔肉是一种高蛋白、低脂肪、低胆固醇的食物,被称为"美容肉"。其肉营养价值丰富,含有丰富的蛋白质、脂肪、糖类、无机盐、维生素等。其性味甘凉,纤维细嫩,味道鲜美,符合现代生活对肉质的要求。

涉县山高林密,植被茂盛,十分适宜野兔生长,当地自古就有打兔、喂养兔子,并作为食物的传统。兔肉的烹饪方法也有多种,黄焖兔就是涉县一种常见的吃法。黄焖兔子肉肉色金黄而油亮,骨肉软烂，肉香浓郁而扑鼻，口感咸香而味浓，肉质鲜嫩而滑润，非常诱人，是一道比较有特色的邯郸地方菜。

制作方法：

主料：山野兔1只

配料：干葱头、姜块

调料：食盐、鸡精、高汤、花椒、大料、陈皮、老抽、植物油

做法：将宰杀后的鲜兔浸泡出血水；再将兔子拍干粉，入七成油温中炸至金黄色后捞出待用；起锅放油25克，放入花椒、大料、陈皮、干葱头、姜块，入高汤调味，老抽调色；将兑好的卤汤烧开后，下入兔子，小火焖制3小时后，捞出装盘即可。

三不粘

"三不粘"又名桂花蛋,被誉为邯郸地区的一道功夫菜。历史上是河南安阳地区的传统美食之一,相传起源于清代。据说当年乾隆皇帝到江南考察民情,路过安阳,提出来要尝尝安阳的风味小吃,安阳县令就让厨师精心炒了一盘桂花蛋,献给乾隆品尝。乾隆吃了这道菜之后,十分高兴,他见这道菜不粘盘子、不粘筷子、不粘牙齿,就当即下了圣旨,将桂花蛋赐名"三不粘"。还让县令把此菜肴的制作方法给了皇宫里的御膳房。于是,这道菜就从安阳古城进入了北京紫禁城,经御膳房师傅调整成了一道御菜。后来有一位御膳房的老厨师告老还乡，就把"三不粘"的制作方法带出了紫禁城，使这道来源于民间的美味佳肴又重新回到了寻常百姓家。邯郸、安阳两地紧密相连，历史上同为中原，于是此菜自然也是邯郸地区的一道风行菜。

"三不粘"是用鸡蛋、淀粉、白糖加水搅匀炒成的。食材简单但做好它可不容易。它不仅色彩金黄，味道甘美，更令人称奇的是它的"三不粘"制作技巧。正如一位烹饪大师所说，我们学厨艺时，就必须要先练好"三不粘"等菜品。

制作方法：

主料：鸡蛋8个、山楂糕10克

调料：白糖120克、猪油75克、湿淀粉20克、水适量

做法：将鸡蛋黄打入碗内，加白糖、淀粉、清水制成蛋糊，山楂糕切丁；起锅放猪油50克，烧至四五成热时将蛋糊倒入，用手勺不断推底，以防糊锅底，并分次把剩下的猪油倒入，炒至不粘勺，蛋液全部小粒状时出锅装盘，撒上山楂糕丁即可。

鲟鱼三吃

选鲟鱼入菜是邯郸地区的常见做法。鲟鱼是食用价值极好的大型经济鱼类,全身除体表骨板外其他部分(含骨骼)都可食用,营养价值很高,被列为高级滋补品。

鲟鱼早就是古人喜爱的食品,如陆玑《毛诗草木鸟兽虫鱼疏》中有:"鱣(即鲟)大者千余斤,可蒸为臛,又可为鲊,子可为酱。"鲟鱼肉质细腻,无刺,只有软骨。不管是软骨还是鱼筋,做熟了以后,会变得很透明,口感酥脆。鲟鱼吃法多样,可以清蒸,也可红烧或烤、炸等。鲟鱼三吃就是邯郸人自创的一道鱼菜,即一条鲟鱼做成三种味道的菜品，道道味美。

制作方法：

主料：鲟鱼

配料：老豆腐、冬笋、木耳、葱段、姜片、高汤

调料：植物油、玉米淀粉、椒盐、食用盐、味精、鸡精、胡椒粉、鸡汁

做法：将鲟鱼宰杀洗净后把头斩掉，去皮、去骨备用；将鱼肉改制成薄片后腌制、滑油、溜炒装盘；将鱼排拍粉干炸后撒椒盐，装盘即可；将鱼头用大葱、姜、植物油爆香后加入高汤、豆腐，大火炖至汤白、味鲜后，调味即可上桌。

岳城水库大银鱼

银鱼因体长略圆,细嫩透明,色泽如银而得名,又称王余鱼、脍残鱼、银条鱼、面条鱼。银鱼体细长,似鲑,无鳞或有细鳞。银鱼可分为小银鱼和大银鱼,其中大银鱼可长到长7至10厘米,很少长于15厘米。

银鱼极富钙质、高蛋白、低脂肪,基本没有大鱼刺,适宜小孩子食用。银鱼不去鳍、骨,属"整体性食物",营养丰富,常食可提高人体免疫力。

岳城水库大银鱼这道菜品,选用的是岳城水

库优质大银鱼,经调味腌制,挂上鸡蛋、面粉、淀粉调好的脆皮糊下入五成热的油锅中炸制即可。此菜品外表香脆,里面肉质鲜嫩,咬一下,满口鲜香,那味道,您来邯郸时尝尝就知道了,将永远忘不掉。

制作方法:

主料:银鱼300克、脆炸粉120克

配料:椒盐、橙汁

做法:银鱼处理干净放入脆炸糊里;锅中加油烧热,放入银鱼,慢火炸至金黄,微脆捞出即可。

石锅嘎鱼

岳城水库的嘎鱼在邯郸一带非常有名。嘎鱼学名黄颡鱼,俗称小肉滚鱼。嘎鱼身体裸露无鳞,侧线平直;背部呈黄绿色,体侧为深黄色并有黑色斑块;鳍条灰黑色,腹部淡黄色,尾鳍上有黑斑。它肉质细嫩、味道鲜美,性味甘平,能益脾胃、利尿消肿。岳城水库的水水质优良,清澈透亮,无污染。因此,在这里生长的鱼的食品安全指数非常高,做出的嘎鱼菜品自然也是味道纯正,口感甚佳。这道菜已成为就餐者常点的菜。

制作方法：

主料：嘎鱼

配料：老豆腐、宽粉

调料：葱、姜、蒜、大料、黄豆酱、甜面酱、酱油、盐、味精、鸡粉、胡椒粉、料酒、白糖、高汤、植物油、陈醋

做法：将葱、姜、蒜、大料、黄豆酱、甜面酱用油炝香后烹入料酒、陈醋，加高汤调味备用；将老豆腐、嘎鱼放入石锅中加调好的汤汁，炖12分钟左右，放入宽粉焖制2分钟左右，放入香菜、香油即可上桌。

岳城大湖鱼

岳城大湖鱼，即鳙鱼，是岳城水库的主要鱼种之一，又叫花鲢鱼、胖头鱼、包头鱼、大头鱼、黑鲢、麻鲢、雄鱼，是淡水鱼的一种，有"水中清道夫"的雅称，是中国四大家鱼之一。鳙鱼宜在淡水湖、河流、水库、池塘里生长，多分布在水域的中上层。鳙鱼属于高蛋白、低脂肪、低胆固醇的鱼类，含有维生素、钙、磷、铁及改善记忆力的垂体后叶素等物质，特别是脑髓含量很高，常吃能暖胃、祛眩晕、益智力、助记忆、延缓衰老、润泽皮肤。精选岳城水库的优质鳙鱼，经独特的科学烹饪方法，做出的大湖鱼色相好，肉嫩味鲜，现在已成为饭桌上一道抢眼的邯郸名菜。其菜品口味醇厚，色泽红亮，酱香味浓郁，食一口唇齿留香，回味无穷。

制作方法：

主料：鳙鱼

配料：小香菇、冬笋

调料：葱、姜、蒜、花椒、大料、海鲜酱、耗油、酱油、盐、味精、鸡精、胡椒粉、料酒、白糖、高汤、植物油

做法：将大鱼宰杀刮鳞，开膛去鳃后，洗净改花刀；用大葱、姜、花椒、大料、盐、料酒腌制入味后拍粉炸制；锅留底油，把葱、姜、蒜、花椒、大料炒香后放入海鲜酱、耗油，炸香后烹入料酒，加入香菇、冬笋、高汤调味，用小火烧至3小时左右出锅装盘即可。

能吃的『邯郸成语典故』

当美食和成语相遇，会碰撞出怎样的火花？

邯郸，是中国唯一一个3000多年没有改变过名字的历史文化名城。战国时期，赵国在邯郸建都158年，无数英勇悲壮的故事在此发生。《左传》《史记》等历史典籍，以及广为流传的神话、戏曲等，都对邯郸历史故事进行了记载和创作，并由此衍生出与邯郸相关的成语典故1500余条，涉及政治、军事、风俗等方方面面。这些成语典故是邯郸市宝贵的精神文化财富，至今仍有鲜活的生命力，比如，"胡服骑射"就是鼓励人们要敢于改革创新；"将相和"则是教育人们要以大局为重，不计个人得失，团结才有力量；"负荆请罪"赞扬了知错必改的精神等。2005年，邯郸被授予"中国成语典故之都"的称号。

国家级烹饪大师刘艳军，将邯郸历史文化和美味佳肴相结合，整理发掘，用大家熟知的邯郸成语创造出30多道菜品，形成具有古赵邯郸特色的"成语典故宴"，让宾客在享受美食的同时品味成语典故，做一名有文化的"吃货"。

美好的餐饮体验，来自食材和味蕾的碰撞，更源于文化带来的精神满足。鲜美的食材、生动的造型和丰富的内涵，一道道"成语菜"，虽非奢华，但韵味悠长。

下面特选出几道成语菜，先来饱饱眼福吧！

围魏救赵

先来听听这个成语故事吧！战国时，魏国大将庞涓率军包围了赵国都城邯郸。赵国急忙向齐国求救。齐威王命田忌为大将，孙膑为军师，领兵救赵。田忌准备与魏军主力交锋。孙膑说，现在魏国的主力攻打邯郸，魏国都城大梁内一定空虚。如果直接攻打大梁的话，魏国一定撤兵回救大梁，这样既可解救邯郸之围，又给魏国以很大打击。田忌采纳孙膑建议，庞涓果然中计，撤军回救大梁,途中遭到齐军的伏击。此成语指袭击敌人后方,以迫使进攻之敌撤回的战术。

此菜品为凉拌,以邯郸特色驴肉拼盘为中心,寓指魏国;边上以七围碟围之,碟中分别盛豆角、豆腐皮、豆苗、肉冻等有荤有素共七样,呈现出"围魏救赵"的场景。此菜品荤素搭配,营养非常丰富。

一言九鼎

诚信守诺在任何时代都是值得尊崇的一种品质。战国时期，秦军包围赵国都城邯郸，赵王派平原君到楚国去请援兵，联合抗秦。平原君决定带20个文武双全的勇士同去，但是挑来挑去，还缺一人，后来有一个叫毛遂的门客自我推荐，平原君经考虑后，决定带其同去。貌不惊人的毛遂能言善辩。到楚国后，平原君与楚王联合抗秦交涉很不顺利，这时毛遂巧言说服了楚王。毛遂的自我推荐使这次出使楚国得以成功。平原君回到赵国后感慨地说："毛先生一至楚，而使赵重于九鼎大吕。"后来，"一言九鼎"这一典故用来形容言辞有分量，有时也用来表示说到做到，信守诺言。

厨师引用此典故，以"鼎"做容器，选用上好五花肉、梅菜、香米饭、菜心等，通过卤、蒸、炒等复杂程序，做成了一道荤素搭配、色香味形意俱佳的可口菜肴，借喻典故本意。

三寸之舌

现在一说某人三寸不烂之舌,你立马会感觉是在贬低那人满嘴跑火车吧。不过《史记》中说的三寸之舌乃指会辩析有智谋有勇气之人——毛遂。这个成语出自毛遂自荐、一言九鼎的故事。即毛遂自荐随平原君出使楚国,巧言说服了楚王,联合抗秦。平原君领教了毛遂一言有重九鼎的能耐,开始重用他,并奉为上宾。《史记·平原君虞卿列传》中写道:"毛先生以三寸之舌,彊於百万之师。"

借用此成语做的菜,定与舌有关了。厨艺大师将牛舌通过特别工艺的卤、蒸,做熟后盛放在一圈菜心中间即成。其色泽红润,香糯可口。

脱颖而出

此成语还是与毛遂有关,这是故事开头部分。战国时,秦国攻打赵国。赵国平原君奉命到楚国求助,毛遂请求跟着去。平原君说:"有本事的人,在人群中就如锥子放在布袋中,尖儿立刻露出来。你在我家已有三年,但我未听说过你的名字。看来你没有什么能耐,还是不要去了。"毛遂说:"若我真的能如锥子放在布袋里,就会连锥子上面的环也露出,岂止只露出尖儿!"后来毛遂就跟着去了,并起到了至关重要的作用。此成语比喻有才能的人得到机会,就会显示出自己的本领。

厨艺大师依据此成语创意出的菜您能猜出是什么吗?告诉您吧,就是用肠衣和排骨做成此菜。过程是先蒸再烧,排骨是烧腊口味。入口肠衣破裂,排骨肉质鲜嫩,口感甚佳。

纸上谈兵

在生活中,纸上谈兵这个成语使用频率应该是比较高的。这个惨痛的故事,如敲击历史的一记重锤,至今听起来还振聋发聩。战国时期,赵国大将军赵奢之子赵括熟读兵书,每每谈起作战,其父也难不倒他。后来他代替廉颇为赵帅,与秦军交战,只照搬兵书,不知变通,导致赵国惨败,损失四十万赵国将士。后来用此成语比喻不联系实际,只凭书本知识空谈理论,不能解决实际问题。

引用此典故创意的菜品,很有意趣。大虾裹上纤细土豆丝,入油炸,成为金丝大虾,象征兵将,然后置于书案式菜盘上,盘边上配有蔬菜制作的毛笔,寓意纸上谈兵。此道菜看上去就令人垂涎欲滴,一上桌,便会"全军覆没"。

完璧归赵

完璧归赵是战国时期因一块和氏璧而衍生出的系列成语之一。公元前283年，赵惠文王时，赵国得到楚国的和氏璧。秦昭王听说这件事，派人送给赵王一封信，说愿意用十五座城给赵国，来换取和氏璧。秦国势强，赵王不敢得罪。同意秦国的提议，怕得不到秦国的城，白白受欺骗；不给又担心秦兵打过来。大臣蔺相如得知此事，自告奋勇要带着和氏璧出使秦国。他知道秦王喜欢这块璧玉，但并不会真用十五座城来交换。到秦国后,蔺相如经过与秦王一番周旋、智斗,既让秦王看了和氏璧,又用计将和氏璧拿回自己手中,并寻得机会悄悄派人将和氏璧送回赵国。秦王知道后虽恼怒,但知道自己行事不够光明磊落,怕传出去成为笑柄,只好把蔺相如放了。

此成语本指蔺相如将和氏璧完好地从秦国带回赵国都城,现在比喻把物品完好地归还物品主人。借此成语做的菜品,别有特色。厨师将冬瓜改刀为一个个小圆柱,中间掏洞放入澳带,再用煎、蒸的办法做熟。此菜品看上去晶莹剔透,形神兼备,造型美观,色泽鲜艳,口感爽滑、鲜美。

瞧,邯郸有能吃的"玉",吃"玉"来邯郸吧。

鹬蚌相争

先说此成语故事的来源吧。战国时期，赵国将要出战燕国，苏代为燕国去劝说赵惠文王："今天我来，路过了易水，看见一只河蚌正从水里出来晒太阳，一只鹬飞来啄它的肉，河蚌马上闭拢，夹住了鹬的嘴。鹬说：'今天不下雨，明天不下雨，就会干死你。'河蚌也对鹬说：'今天你的嘴取不出来，明天你的嘴取不出来，就会饿死你。'两者一直僵持着，结果一个渔夫把它们俩一起捉走了。现在赵国将要攻打燕国，燕赵如果长期相持不下，老百姓就会疲惫不堪，我担心强大的秦国就要成为那不劳而获的渔翁了。所以我希望大王认真考虑一下出兵之事。"赵惠文王听从了劝解，于是停止出兵攻打燕国。"鹬蚌相争，渔翁得利"的成语典故，比喻双方相持不下，而使第三者从中得利。

依据此成语做的这一道菜品，非常艺术。将炒好的蚌放置于盘中，旁边有一个张口的贝壳，贝壳后面有一只白萝卜雕刻的鹬鸟微低头意欲去吃新鲜的蚌肉。喜吃海鲜的，要赶快来鹬口夺蚌啊！

将相和

发生在古赵邯郸大地的典故将相和,广为人知。这是在战国时期,赵国大将廉颇与蔺相如之间由嫉妒而生怒、因忍让而谦和,最终两人成为刎颈之交的一个光照千古的动人故事。将相和的故事囊括了完璧归赵、渑池之会、负荆请罪三个成语典故,其中所宣扬的思想是做人要有胸怀,有海纳百川的气度,要有顾全大局、知错能改的决心,无论做什么工作,大家齐心协力、精诚团结,才能成就一番事业。

借此名做的菜品是这样的，加工后的蟹钳和炒鱼肚同盘，将(蟹钳)在外围守护，相(鱼肚肉)在城中坐镇，将相合为一体，构成一道色香味形意搭配绝美的美味佳肴。

看看，吃邯郸成语菜不仅可以过嘴瘾，解饥解馋，还能了解历史文化，思想受教益，收获够大的吧。

破釜沉舟

"破釜沉舟"这则成语中的釜是锅、舟是船。意思是砸破烧饭用的锅子,凿沉船只,比喻下定决心,义无反顾,拼死一战。可以想象得出那是多么悲壮的一种场景啊!

这个成语来源于《史记·项羽本纪》,项羽为楚军主帅,同秦军作战,下令士兵每人带足三天的口粮,然后又下令砸碎全部行军做饭的锅。项羽说:"没有锅,我们可以轻装前去,立即挽救危在旦夕的赵国！至于吃饭嘛，让我们到章邯军营中取锅做饭吧！"大军渡过了漳河，项羽又命令士兵把渡船全都砸沉，同时烧掉所有的行军帐篷。战士们一看退路没了，这场仗如果打不赢，就谁也活不成了。因此楚军将士越斗越猛，终于以少胜多，把秦军打得大败。后来，"皆沉船，破釜甑"演化为成语"破釜沉舟"。

借用此典故，厨艺大师选用新鲜羊排，通过卤、炸后，如士兵般排列在竹船形的盛器上，颇具象征意义。

剖腹藏珠

看到此成语,就联想起那些千方百计藏匿受贿钱物的贪官们,终有一日必丢掉"卿卿性命"。

此成语来源于唐太宗李世民给大臣们讲的一个故事:西域有一个商人,偶然间得到一颗非常稀有的珍珠。因为这颗珍珠很值钱,商人一直很担心别人会来偷他的珍珠,所以,他想尽办法要把它藏在一个比较隐秘的地方。不过,尽管换了很多地方,他都觉得不安全。有一天,他终于想到一个自以为最好的方法，他把自己的肚子剖开，把珍珠藏在肚子里，当然商人最后死了。唐太宗不愧为封建时代的明君，他把"剖腹藏珠"的商人与贪官受贿、昏君享受相比拟，从而把贪求个人私利而损身亡国的道理讲得非常精辟，以醒世警人。

不须古人教，得失寸心知，此典故很有教育寓意。聪明的厨艺大师引用此典故，将清蒸鳜鱼和余虾茸丸子巧妙组合，做成了一道口感独特的精美菜肴。

梅开二度

此成语故事讲的是在唐代肃宗年间，中原某地有佳丽女子名唤陈杏元。她家有株梅花树，时当花期，正喷香吐艳。忽一日，无缘无故，那梅花树的枝儿蔫了，花儿落了。何故无风无雨花自残，陈杏元大感不解。就在这一日，陈杏元在朝做官的父亲差人送来一位书童。这书童聪明伶俐，才貌超人。后来得知，他是被奸臣残害的忠良之后，名叫梅良玉。原来，梅花自败是应在了他的身上。陈杏元内心禁不住萌生了一种难以名状的情愫。不久，他俩相爱了。谁知好景不长，他俩尚未成婚，北国南侵，唐王难以抵挡，便要派美人去应付，

选陈杏元到北国去和番,那时的邯郸属边陲重镇。凡到番邦去的人,一般都要登临邯郸的丛台,与亲人垂泪相别。

陈杏元泪别梅良玉,并赠钗寄情。一天夜晚,陈杏元寄身于昭君庙,她决心以身殉情,以身殉国。她从落雁岩上纵身跳下的一瞬间,昭君神突然出现,引导她飞过了边关、长城,回到了梅园,与梅良玉团圆。就在梅陈完婚之日,那梅花树又二度重开,且花朵满枝,艳丽无比,馨香四溢。此成语常用来比喻好事重来,或第二次机遇的到来。

借此成语故事制作的菜品颇具艺术性,即用豆沙在盘中做成一棵梅花树造型,树上结满了用面粉、澄面做成的粉色和白色两种不同口感的梅花造型点心。看上去色泽亮丽温润,造型美观喜人。

拔旗易帜

这个成语来源于《史记·淮阴侯列传》,西汉初年,韩信率汉军攻打赵军,即将到达井陉口时,他挑选轻骑两千人,每人持一面汉军红色旗帜,抄小路埋伏在赵营附近。他又派出一支一万人的军队,叫他们背水摆开阵势。赵军见汉军排出兵法上最讳忌的背水之阵,窃笑,以为汉军自己断了后路。韩信指挥这一万人的军队向井陉口进发,赵军立即打开营门迎击。战了一段时间后,汉兵丢掉旗鼓,向水边退去,背水拼死作战。这时,赵营附近的两千汉兵,趁赵营无人守卫,快速冲进赵营,飞快地拔掉赵军旗帜,换上汉军的旗帜。而在水边作战的赵兵,因遇到背水一战的汉兵的顽强抵抗,无法取胜,想返回营地,却见那里全是汉军的红旗,以为赵王已被汉兵抓住,顿时军心大乱,各自逃命。汉军两面夹击赵军,结果主将陈馀被杀,赵王被活捉,赵军大败。后以"拔帜易帜"来比喻推翻别人自己占有。

引用此典故做成的菜品很有特色,即用竹签串起的红色大虾和白色毛肚象征两军旗帜,小小砂锅犹如战场,食客们手握竹签吃起来也很方便。

邯郸历史悠久，文化底蕴深厚，饮食文化多姿多彩。邯郸菜是邯郸饮食文化的代表作，是冀菜的一个重要组成部分。

2014年5月，邯郸美食林集团餐饮公司正式成立了"春满园邯郸菜研发基地"，在邯郸餐饮界前辈及同行的支持下，组织专业机构和人员对"邯郸菜"进行发掘、研讨和研发、改进与创新。他们走遍了全市各个县（市）区，沿着漳河、滏阳河两岸，深入到村镇甚至农户家里，在临街饭馆里，在农家灶台上，寻访、发掘、研究具有历史传承意义的菜品小吃，仔细了解每一道地方美味的烹制过程、制作技巧，花费大量时间与精力在色香味形器上进行改进和创新，增强地域特色，营造新的视觉和味觉，提升菜品的质地和品味，从而形成具有完整规范意义的邯郸菜系，并形成了较为系统的理论体系，出版了专集《中国邯郸菜》。

此书中这些最具邯郸特色的菜品文图，就摘编自《中国邯郸菜》一书。感谢美食林集团公司对此书的支持。

您若来古城邯郸，可以去春满园品品地道的邯郸菜。

主 编
丁 伟

副主编
潘 璐 陈邢魁

编 委
李志刚 李亚萍 田 锋
范志国 刘秀君 李晓玲

本书部分图片作者的情况（姓名、通讯地址等）不详，请有关作者与本书的责任编辑联系，以便奉上稿酬与样书。

联系地址：河北教育出版社学术读物编辑室

（石家庄市联盟路705号）

邮政编码：050061

联系电话：0311-88643532